Alexandre Dumas

Le comte de Monte-Cristo

Adaptation et activités par **Sarah Guilmault**
Illustrations de **Pavel Tatarnikov**

Rédaction : Maréva Bernède, Cristina Spano
Conception graphique : Nadia Maestri
Mise en page : Simona Corniola
Recherches iconographiques : Laura Lagomarsino

© 2008 Cideb

Première édition : juillet 2008

Crédits photographiques :
Archives Cideb ; Giraudon/Bridgeman Art Library : p. 4 ;
A. Normandin : p. 63 ; John Springer Collection/Corbis : p. 91.

Vous trouverez sur les sites www.cideb.it et www.blackcat-cideb.com (espace étudiants et enseignants) les liens et adresses Internet utiles pour compléter les dossiers et les projets abordés dans le livre.

Pour toute suggestion ou information, la rédaction peut être contactée à l'adresse suivante :

www.cideb.it

ISBN 978-88-530-0728-5 livre + CD

Imprimé en Italie par Litoprint, Gênes

Sommaire

Ce symbole indique les chapitres enregistrés sur le CD audio.

www.blackcat-cideb.com Ce symbole indique les chapitres téléchargeables sur notre site Internet.

DELF Les exercices qui présentent cette mention préparent aux compétences requises pour l'examen.

Portrait d'Alexandre Dumas XIXe siècle, Charles A. P. Bellay.

Alexandre Dumas

Le début du succès

Fils d'un général, petit-fils d'un marquis normand et d'une esclave noire de Saint-Domingue, Alexandre Davy de La Pailleterie, dit Dumas, est né le 24 juillet 1802 à Villers-Cotterêts, dans l'Aisne. À la mort de son père, le jeune Alexandre n'a que quatre ans. Il est alors élevé par sa mère qui, malgré ses efforts, lui donne une éducation plutôt médiocre. À quatorze ans, il devient clerc de notaire et découvre les deux grandes passions de sa vie : les femmes et la littérature. À l'âge de vingt ans, il se rend à Paris pour faire fortune. Grâce à sa calligraphie, il entre dans les bureaux du duc d'Orléans, mais ses intérêts sont ailleurs : il fréquente les salons littéraires, lit et écrit beaucoup. En 1829, sa pièce *Henri III et sa cour* triomphe à la Comédie-Française. Alexandre Dumas connaît alors un très grand succès littéraire et financier. Entre 1830 et 1840, il écrit énormément (chroniques historiques, pièces de théâtre, romans) et fait de nombreux voyages : Suisse, Belgique, Italie... À partir de 1840, ses grands romans historiques, écrits en collaboration avec Auguste Maquet, sont publiés sous la forme de romans-feuilletons. En 1844, il connaît un immense succès populaire avec la publication de deux de ses œuvres les plus connues : *Les Trois Mousquetaires* et *Le comte de Monte-Cristo.*

Le comte de Monte-Cristo

Publié sous la forme d'un roman-feuilleton dans le *Journal des débats*, puis dans le *Siècle* (1844-1845), *Le comte de Monte-Cristo* réunit des éléments du roman noir et du roman policier : complots, meurtres, coups de théâtre, rebondissements... Le point de départ de l'histoire s'appuie sur un fait divers authentique que Dumas a trouvé dans un recueil publié en 1838, *Mémoires historiques tirées des archives de la police de Paris*. Dans cet ouvrage, il découvre le drame de François Picaud, l'homme qui lui a inspiré le personnage d'Edmond Dantès. Dénoncé à tort comme agent anglais, Picaud passe sept ans en prison. À sa sortie, il se venge en commettant trois meurtres, mais il sera lui-même assassiné par celui qui lui avait révélé le nom de ses dénonciateurs.

Grâce à l'énorme succès du livre, Dumas achète un terrain au Port-Marly, près de Paris, sur lequel il fait construire un château Renaissance, baroque et gothique qui prendra le nom de *Château de Monte-Cristo.*

La fin de la prospérité

Cependant, Alexandre Dumas dépense aussitôt l'argent gagné. Accablé de dettes et de procès, essuyant échecs politiques sur échecs politiques, il s'exile et fait de nombreux voyages à l'étranger : il séjourne en Belgique, en Russie, en Italie... En 1869, il s'installe en Bretagne pour travailler à son *Dictionnaire de cuisine*. Fatigué et malade, il meurt le 5 décembre 1870 à Puys, près de Dieppe, dans la demeure de son fils.

Compréhension écrite

DELF **1** Lisez attentivement le dossier, puis dites si les affirmations suivantes sont vraies (V) ou fausses (F).

		V	F
1	Alexandre Dumas a vécu au XVIIIe siècle.		☒
2	Il n'a que quatre ans lorsque sa mère meurt.		☒
3	Il obtient son premier succès avec la pièce *Henri III et sa cour*.	☒	
4	Dumas est un homme qui voyage beaucoup.	☒	
5	*Les Trois Mousquetaires* et *Le comte de Monte-Cristo* sont ses deux œuvres les plus connues.	☒	
6	*Le comte de Monte-Cristo* est une œuvre autobiographique.		☒
7	Grâce au succès de ce roman, il fait construire le château d'If.	☒	
8	L'écrivain est très dépensier et subit des échecs politiques.	☒	
9	Un an avant sa mort, il s'exile à l'étranger.		☒

La trahison

Personnages

De gauche à droite et de haut en bas : monsieur Morrel, Edmond Dantès, Mercédès, Fernand, Danglars, monsieur de Villefort, Caderousse, l'abbé Faria.

CHAPITRE 1

Edmond et Mercédès

un voilier

Nous sommes en 1815. Un magnifique voilier venant de Naples, le _Pharaon_, vient d'accoster au port de Marseille. L'armateur monte à bord du bateau et se précipite vers un jeune marin de dix-huit ans. *Dantès is the young marine*

M — Dantès, que s'est-il passé ? Et pourquoi cet air si triste ? lui demande l'armateur.

D — Hélas, monsieur Morrel ! Le capitaine Leclère est mort, après avoir eu la fièvre pendant trois jours.

M — Quel malheur ! Et la cargaison... ?

D — Elle est en bon état et vous ferez d'importants bénéfices.

Voilà des mots qui consolent immédiatement l'armateur. Tandis qu'Edmond Dantès retourne auprès de l'équipage pour suivre la manœuvre, Danglars, un homme âgé de vingt-cinq ans, à l'air peu sympathique, s'approche de l'armateur. Il est agent comptable et, contrairement à Dantès, il n'est pas très apprécié des autres marins. Monsieur Morrel suit des yeux le travail des membres de l'équipage et tout particulièrement celui d'Edmond.

very little sympathy.

not liked by other sailors

M — Dantès connaît bien son métier et l'absence du capitaine ne l'a pas empêché d'arriver à bon port, dit l'armateur d'un ton satisfait.

Danglar — C'est exact, répond Danglars en jetant à Edmond un regard plein de haine[1]. Mais quand le capitaine est mort, Dantès a pris le commandement sans demander l'avis de personne. Et il nous a fait perdre, sans aucune raison, un jour et demi à l'île d'Elbe, au lieu de rentrer directement à Marseille.

Dantès is the captain now — En tant que second, c'était son devoir de prendre le commandement. Par contre, il a eu tort de s'arrêter à l'île d'Elbe sans aucune raison. Dantès ! crie l'armateur pour se faire entendre. Je voudrais vous parler !

D — Je finis la manœuvre et j'arrive, monsieur Morrel !

Danglar M — Vous voyez, il se croit déjà capitaine ! ajoute Danglars, irrité.

Une fois la manœuvre terminée, Edmond rejoint l'armateur et le comptable. Ce dernier s'éloigne des deux hommes.

— Pourquoi vous êtes-vous arrêté à l'île d'Elbe ? demande l'armateur à Edmond.

— Parce que le capitaine, avant de mourir, m'avait donné l'ordre de remettre une lettre au grand maréchal Bertrand, un ami de Napoléon.

— Comment va l'Empereur ? demande Morrel à voix basse.

— Il a l'air d'aller bien.

— Vous l'avez donc vu ?

Danglar — Oui, lorsque j'étais chez le grand maréchal.

M — L'Empereur est un grand homme... Vous avez bien fait de suivre les ordres du capitaine Leclère. Mais surtout, ne parlez à personne de la lettre que vous avez remise au maréchal... cela

---

1. **La haine** : forte hostilité.

threat — They shouldn't associate with the ex-emperor

pourrait vous compromettre. Bien, continue-t-il à voix haute, si vous avez fini, je vous invite à dîner chez moi.

— Je vous remercie, monsieur Morrel, mais je souhaite tout d'abord rendre visite à mon père, puis à Mercédès.

— Vous avez raison, Dantès.

— Ah... monsieur Morrel... Pourriez-vous m'accorder un congé de quinze jours, je vous prie ? Mercédès et moi, nous devons nous marier, et puis, je dois me rendre à Paris.

— Il n'y a aucun problème, mon cher Edmond. Vous devez juste être de retour dans trois mois, car le *Pharaon* ne peut pas partir sans son capitaine...

Danglar

— Sans son capitaine ? s'écrie Dantès, fou de joie. Vous souhaitez donc me nommer capitaine ?

— Absolument ! Au fait, Edmond, que pensez-vous de Danglars ?

— C'est un bon comptable, mais je crois que nous ne pourrons jamais être amis. Il ne m'aime pas beaucoup...

— Merci, mon cher Edmond, votre jugement est toujours impartial. Allez, ne perdez plus de temps ! Courez retrouver votre père et votre bien-aimée !

— Au revoir, monsieur Morrel, et mille fois merci.

Le jeune marin se précipite chez son père qu'il doit malheureusement laisser seul chaque fois qu'il part en mer. Ce dernier l'accueille chaleureusement. Lorsqu'Edmond lui annonce qu'il sera bientôt capitaine, il pleure de joie.

— Je vais gagner plus d'argent maintenant, et tu pourras vivre plus confortablement, dit le jeune marin. Regarde ! Je t'ai rapporté quelques cadeaux de mon voyage : du café et du très bon tabac !

À ce moment-là, quelqu'un frappe à la porte. C'est leur voisin, Caderousse, un homme qui a « des lèvres qui disent une chose et le cœur qui en pense une autre ».

— J'ai appris par notre ami Danglars que tu étais de retour et je suis venu pour avoir le plaisir de te serrer la main, mon bon Edmond. Au fait, on m'a dit que tu allais devenir riche, puisque tu vas être nommé capitaine, n'est-ce pas ? Je pense que cela fera plaisir à Mercédès...

— Très certainement, répond négligemment Edmond. Et je voudrais, dit-il en se tournant vers son père, te demander la permission, cher papa, d'aller la rejoindre.

— Cette belle Mercédès ! Elle a beaucoup de prétendants, mon cher Edmond, insinue sournoisement [1] Caderousse. Ne perds pas de temps ! Va lui annoncer tout de suite la bonne nouvelle !

Edmond salue son père et part retrouver Mercédès. Caderousse quitte lui aussi le vieux Dantès et va rejoindre Danglars qui attend impatiemment son retour.

— Alors ? Il t'a parlé de son espoir de devenir capitaine ? demande le comptable à Caderousse.

— Oui, et de manière très arrogante. Il mériterait de ne pas le devenir !

— Il ne l'est pas encore et peut-être même qu'il ne le sera jamais ! Quant à son amoureuse, il aura bien des déceptions, je pense...

— Que veux-tu dire ?

— Eh bien, figure-toi que Mercédès est toujours accompagnée d'un jeune homme qu'elle appelle « mon cousin », mais j'ai bien l'impression que ce « cousin » lui fait la cour. Edmond est allé la rejoindre. Attendons de voir ce qui va se passer...

---

1. **Sournoisement** : de manière hypocrite.

Compréhension écrite et orale

DELF **1** Écoutez attentivement l'enregistrement du chapitre, puis dites si les affirmations suivantes sont vraies (V) ou fausses (F).

		V	F
1	Nous sommes en 1815, dans le sud de la France.	X	
2	Edmond Dantès est un jeune marin de vingt ans.		X
3	L'armateur du *Pharaon* s'appelle monsieur Morrel.	X	
4	Danglars est apprécié de tout l'équipage.		X
5	Le capitaine Leclère dit à Edmond de s'arrêter à l'île d'Elbe.	X	X
6	Edmond doit remettre une lettre adressée à Napoléon.		X
7	Monsieur Morrel n'approuve pas l'attitude d'Edmond.		X
8	Edmond doit se marier avec Mercédès.	X	
9	Monsieur Morrel nomme Edmond capitaine du *Pharaon*.	X	
10	Danglars et Caderousse apprécient Edmond Dantès.		X

2 Lisez attentivement le texte, puis répondez aux questions.

Le contexte historique de l'histoire du comte de Monte-Cristo

Dans la France du début du XIXe siècle, la colère contre la royauté grandit et on assiste à un réveil des passions révolutionnaires. Depuis l'île d'Elbe, Napoléon décide de saisir cette opportunité pour rentrer en France et reprendre le pouvoir. Le 1er mars 1815, il débarque dans le sud de la France près de Cannes avec 700 soldats. Trois semaines plus tard, il arrive à Paris. Cette marche de vingt jours est appelée le « vol de l'Aigle ». Napoléon avait en effet proclamé à l'armée que l'aigle « volera de clocher en clocher jusqu'aux tours de Notre-Dame ». Le 20 mars, au milieu de l'enthousiasme général, il rentre dans le palais des Tuileries d'où Louis XVIII s'est enfui la veille pour la Belgique.

1 Dans quel pays sommes-nous et à quel siècle ?

2 Où est Napoléon à ce moment-là ? Que décide-t-il de faire ?

3 Où et avec qui débarque-t-il ?

4 Comment s'appelle ce voyage de trois semaines jusqu'à Paris ?

5 De qui Napoléon prend-il la place ?

Enrichissez votre **vocabulaire**

1 Quels sont les sentiments de ces personnages envers Edmond Dantès ? Cochez la ou les bonne(s) case(s).

	Amour	Envie	Haine	Sympathie
Caderousse	Amoureuse			
Danglars		✓	haineux	
Mercédès	Amoureuse ✓	✓		
Monsieur Morrel				Sympathique ✓
Monsieur Dantès	✓			✓

2 Complétez le portrait de chaque personnage avec les mots proposés.

armateur   marin   belle   agent comptable   dix-huit ans

vingt-cinq ans   capitaine   sympathique   voisin   épouse

Edmond Dantès   C'est un (1) _marin_ de (2) _dix-huit ans_
Il sera bientôt (3) _capitaine_ .

Monsieur Morrel   C'est l'(4) _armateur_ du bateau le *Pharaon*.

Danglars   Il est âgé de (5) _vingt-cinq ans_ et a l'air peu
(6) _sympathique_ . C'est l'(7) _agent comptable_ du
Pharaon.

Caderousse   C'est le (8) _voisin_ de la famille Dantès.

Mercédès   C'est la future (9) _épouse_ d'Edmond.
Elle est (10) _belle_ et a de nombreux
prétendants.

3 Trouvez dans le texte les mots correspondant à chaque définition.

1 Terme générique qui désigne une embarcation : un _ A _ _ _ _

2 Embarcation qui utilise la force du vent pour se déplacer :
   un _ _ _ _ _ E _

3 Ensemble des personnes qui travaillent sur un bateau :
   l'_ _ _ I _ _ _ _

15

4 Personne qui dirige un bateau : le _ _ _ _ T _ _ _ _

5 Homme d'équipage : un _ A _ _ _

6 S'approcher du quai, pour un bateau : _ C _ _ _ _ _ _

7 Propriétaire d'un bateau qui transporte des marchandises : un _ _ M _ _ _ _ _

8 Lieu qui reçoit et abrite les bateaux : le _ _ _ T

4 Retrouvez le sens des expressions suivantes.

1 Arriver à bon port.

a ☐ Arriver sain et sauf.

b ☐ Arriver dans un port.

2 Mener quelqu'un en bateau.

a ☐ Inventer une histoire pour tromper quelqu'un.

b ☐ Mettre quelqu'un dans un bateau.

3 Avoir le pied marin.

a ☐ Suivre le mouvement de la mer.

b ☐ Ne pas avoir le mal de mer.

4 Les moyens du bord.

a ☐ Les moyens dont on dispose.

b ☐ L'équipement d'un bateau.

5 Un marin d'eau douce.

a ☐ Un marin peu expérimenté.

b ☐ Un marin qui navigue sur les rivières.

Production écrite et orale

DELF **1** Faites le portrait physique et moral d'une personne que vous appréciez (et dites ce que vous aimez chez cette personne) et d'une personne que vous détestez (et dites ce que vous n'aimez pas chez cette personne).

CHAPITRE 2

Le complot

Caderousse et Danglars s'assoient à la terrasse d'un café et commandent à boire.

Un peu plus loin, devant une maison du village des Catalans, une belle jeune fille aux cheveux noirs et aux yeux étincelants semble attendre quelque chose avec impatience. À ses côtés, un jeune homme se balance sur une chaise. Il a l'air déçu et triste.

— Pourquoi refusez-vous de m'épouser, Mercédès ? Votre mère aurait béni ce mariage, vous le savez bien.

— Fernand, je ne vous ai jamais menti : je vous aime, oui… mais comme un frère ! Vous savez bien que mon cœur bat pour un autre. Acceptez mon amitié, Fernand. C'est la seule chose que je puisse vous offrir !

Fernand se lève, fait quelques pas et regarde Mercédès droit dans les yeux.

— Vous êtes sûre, Mercédès ?

— Oui. J'aime Edmond Dantès, et je n'épouserai personne d'autre.

Fernand est désespéré, mais tout à coup son regard s'illumine.

— Et s'il devait mourir ?

— Je mourrais aussi.

— Et s'il vous oubliait ?

— Mercédès ! crie une voix au loin.

C'est Edmond qui arrive. Il court vers Mercédès et la prend dans ses bras. Mais pendant qu'il la serre contre lui, il se sent observé. Il tourne la tête et aperçoit le cousin de Mercédès, pâle comme la mort. Dantès lui tend la main pour le saluer, mais Fernand se détourne. Edmond comprend la situation à l'instant même.

— Je ne pensais pas trouver un ennemi chez toi, Mercédès.

— Tu te trompes, Edmond, tu n'as pas d'ennemi, ici. Fernand va te serrer la main comme il le fait avec tous ses amis, poursuit Mercédès en regardant Fernand qui, malgré sa haine pour son rival, ne sait pas résister à sa cousine.

Il s'approche d'Edmond pour obéir à Mercédès, lui serre à peine la main et s'en va immédiatement.

« Je suis si malheureux ! » pense-t-il en s'éloignant. « Comme je voudrais me débarrasser de cet homme ! »

— Où cours-tu comme ça ? crie Danglars, alors que Fernand passe sur la place. Viens donc t'asseoir avec nous !

Fernand s'arrête et aperçoit Danglars et Caderousse installés sous un platane.

— Tu as l'air d'un homme qui a été rejeté par une femme, continue Caderousse un peu ivre [1], en regardant Fernand s'approcher.

Fernand se laisse tomber sur une chaise et commence à pleurer de désespoir.

— Il paraît que Dantès va bientôt épouser Mercédès, ajoute Caderousse, et qu'il va, en plus, devenir capitaine du *Pharaon*.

— Ce n'est pas encore fait, dit le comptable à voix basse.

Danglars regarde Caderousse, puis Fernand et pense :

---

1. **Ivre** : qui a bu trop d'alcool.

« L'un est ivre d'alcool et l'autre d'amour. Je ne peux pas compter sur eux. Je dois agir seul et vite car les fiançailles [1] d'Edmond et de Mercédès auront lieu après-demain. Mais, j'y pense... Edmond doit aller à Paris pour remettre la lettre que le grand maréchal lui a donnée... Ah ! Mon cher Dantès, tu n'es pas encore marié et tu ne seras peut-être jamais capitaine... »

Puis, il s'adresse au cousin de Mercédès :

— Ah, Fernand, j'aimerais tant pouvoir vous aider ! Il doit bien y avoir une solution...

— Oui, mais laquelle ? J'avais pensé le poignarder [2], mais s'il meurt, elle meurt aussi.

— Je ne veux pas que Dantès meure, moi. C'est mon ami, interrompt Caderousse complètement ivre.

— Dantès ne doit pas obligatoirement mourir... Le mariage peut ne pas avoir lieu, même si Dantès reste en vie... Il suffit que les murs d'une prison les séparent, ajoute Danglars.

— Et vous connaissez un moyen de le faire emprisonner ? demande Fernand, intéressé. Vous aussi, Danglars, vous avez des raisons de haïr Dantès, n'est-ce pas ?

— Absolument pas ! Je vous vois malheureux, c'est tout. Je fais simplement cela pour vous aider. Mais si mon aide ne vous intéresse pas..., dit le comptable en faisant semblant de se lever.

— Attendez, Danglars ! Quelle importance, après tout ! Je le déteste, et je n'ai pas honte de l'avouer. Trouvez un moyen, et je l'exécuterai, pourvu que Dantès ne meure pas.

À ces mots, Danglars se rassoit et demande qu'on lui apporte de quoi écrire.

1. **Les fiançailles** : promesse de mariage.
2. **Poignarder** : frapper avec un couteau.

— Du papier, de l'encre et une plume : voilà les instruments les plus sûrs pour se débarrasser d'un homme…, ajoute Caderousse dans un sursaut de lucidité.

« Il n'est pas encore complètement ivre » constate Danglars.

Il se tourne ensuite vers Fernand.

— Il serait facile de le dénoncer comme agent bonapartiste, surtout après son passage sur l'île d'Elbe où se trouve l'Empereur.

Danglars prend alors la plume de la main gauche pour masquer son écriture et se met à écrire. Il donne ensuite la feuille de papier à Fernand et la lui fait lire.

> Edmond Dantès, second du navire le Pharaon, a fait une escale à l'île d'Elbe. Il a apporté un message à l'usurpateur[1] qui lui a donné une lettre à remettre au comité bonapartiste de Paris. Vous aurez la preuve de son crime en l'arrêtant car vous trouverez cette lettre sur lui, chez son père ou dans sa cabine à bord du Pharaon.

— Et voilà, mon cher Fernand, comment pourrait finalement se réaliser votre rêve.

— Oui, mais ce serait une infamie ! ajoute Caderousse.

— Mais je plaisante, voyons, dit Danglars. Je serais vraiment désolé s'il arrivait quelque chose à ce cher Edmond !

Le comptable froisse la lettre, puis la jette négligemment sous la table. Peu de temps après, Caderousse et Danglars se lèvent pour partir. Ce dernier remarque avec satisfaction que Fernand, qui n'a pas quitté des yeux l'endroit où se trouve la lettre, en profite pour la récupérer discrètement et la cacher dans sa poche. Le comptable est maintenant presque sûr qu'Edmond Dantès ne deviendra jamais capitaine…

---

1. **L'usurpateur** : nom donné à Napoléon par les royalistes.

Compréhension écrite et orale

DELF **1** Écoutez attentivement l'enregistrement du chapitre, puis remettez les phrases dans l'ordre chronologique de l'histoire.

a **7** Danglars veut le dénoncer comme agent bonapartiste.

b **3** Mais Mercédès aime Edmond.

c **5** Danglars et Caderousse proposent à Fernand de s'asseoir avec eux.

d **2** Fernand voudrait que Mercédès l'épouse.

e **1** Caderousse et Danglars sont assis à la terrasse d'un café.

f **8** Fernand récupère la lettre que Danglars a jetée sous la table.

g **4** Edmond comprend que Fernand le considère comme son rival.

h **6** Le comptable propose à Fernand de l'aider en faisant emprisonner Edmond.

2 Cochez la ou les case(s) correspondant à chaque personnage.

Danglars = D   Edmond = E   Fernand = F   Mercédès = M

	D	E	F	M
1 Elle a les cheveux noirs et les yeux étincelants.				✓
2 C'est un cousin que Mercédès aime comme un frère.			✓	
3 C'est l'homme que Mercédès veut épouser.		✓		
4 Il éprouve de la haine pour Edmond Dantès.			✓	
5 C'est le rival de Fernand.		✓		
6 Il a été rejeté par une femme.			✓	
7 Il trouve le moyen de faire emprisonner Dantès.	✓			
8 Il récupère la lettre qui a été jetée sous la table.			✓	

3 Lisez attentivement le texte, puis répondez aux questions.

1 Avec qui Mercédès parle-t-elle ?

2 Que se passcrait-il si Edmond mourait ?

3 Quels sentiments Fernand éprouve-t-il pour Edmond ?

4 Pourquoi Caderousse n'est pas tout à fait conscient de ce qui se passe ?

5 Qui écrit la lettre de dénonciation ?

6 Est-ce que Danglars est gaucher ?

7 Qui prend la lettre sous la table ?

8 Pourquoi Danglars veut-il faire emprisonner Edmond ?

Enrichissez votre **vocabulaire**

1 Trouvez dans le texte les synonymes des mots suivants.

1 Triste ....

2 Un ennemi ....

3 Haïr ....

4 Soûl ....

5 Consigner ....

6 Admettre ....

7 Déguiser ....

8 Le lieu ....

9 Reprendre ....

10 Certain ....

2 Choisissez trois mots de la liste précédente, puis écrivez une phrase avec chacun d'entre eux.

3 Associez chaque mot à l'image correspondante.

- **a** une terrasse
- **b** une plume
- **c** un village
- **d** des platanes
- **e** une prison
- **f** de l'encre
- **g** une place
- **h** une poche
- **i** une chaise

1 d

2 g

3 e

4 a

5 b

6 h

7 f

8 c

9 i

CHAPITRE 3

Les fiançailles

Deux jours plus tard ont lieu les fiançailles d'Edmond et de Mercédès. Les amis de Dantès et les marins du navire le *Pharaon* sont présents. La joie se lit sur leur visage car tous apprécient Edmond et Mercédès. L'armateur assiste lui aussi à la fête, ce qui confirme aux yeux de tous la promotion d'Edmond au grade de capitaine. À table, Caderousse s'est assis près du père d'Edmond et cet excellent repas le rend encore plus aimable avec la famille Dantès. Edmond et Mercédès sont aveuglés par leur bonheur. Ils ne remarquent pas le sourire cruel de Fernand qui semble attendre quelque chose. Caderousse n'a plus qu'un vague souvenir de ce qui s'est passé deux jours auparavant. Quant à Danglars, il est nerveux et il ne perd pas de vue Fernand. Tout à coup, au beau milieu des réjouissances [1], un bruit confus de pas, mêlé à un cliquetis [2] d'armes, couvre le brouhaha [3] de la fête.

— Au nom de la loi ! gronde soudain une voix.

1. **Les réjouissances** : fête.
2. **Un cliquetis** : bruit d'objets métalliques.
3. **Le brouhaha** : bruit confus et assez fort.

C'est la voix d'un commissaire qui entre, suivi de quatre soldats.

— Que se passe-t-il ? demande l'armateur, terrorisé. Vous devez très certainement faire erreur.

— J'ai un mandat d'arrêt[1]. Qui parmi vous est Edmond Dantès ?

Tous les regards se tournent vers le jeune homme qui, ému et digne à la fois, fait un pas en avant et déclare :

— C'est moi, monsieur. Que me voulez-vous ?

— Edmond Dantès, au nom de la loi, je vous arrête !

— Mais pourquoi m'arrêtez-vous ?

— Vous le saurez lors de votre interrogatoire.

Les invités ne comprennent rien à ce qui se passe. Chacun s'interroge à voix basse. Caderousse s'approche de Danglars.

— Qu'est-ce que cela signifie ? Où est Fernand ? demande-t-il à Danglars en cherchant des yeux le cousin de Mercédès.

Caderousse se souvient alors...

— Tu n'as pas déchiré le papier... Tu l'as seulement jeté...

— Tu n'as rien vu, tu étais ivre, réplique le comptable. Au lieu de chercher Fernand, essayons plutôt d'aider Dantès.

Ils s'approchent du groupe qui s'est formé autour du commissaire. Mais il n'y a rien à faire : le prisonnier doit suivre les soldats.

— Edmond ! crie Mercédès en s'élançant vers la voiture[2].

C'est la dernière chose que le prisonnier entend avant que la portière ne se referme sur lui. Monsieur Morrel monte dans une autre voiture. Il promet à Mercédès de s'informer et de revenir le plus rapidement possible. Les invités sont désespérés. Mercédès et le père d'Edmond, brisés par la douleur, pleurent dans les bras l'un de l'autre. Caderousse aperçoit Fernand.

---

1. **Un mandat d'arrêt** : ordre d'incarcération.
2. **Une voiture** : à cette époque, carrosse.

— C'est lui ! affirme-t-il à Danglars. Il a dû écouter les conseils que tu lui as donnés. Je suis sûr qu'il a récupéré la lettre que tu avais jetée sous la table et qu'il l'a remise au commissaire !

— Mais non... Edmond a probablement rapporté quelques marchandises qu'il n'a pas déclarées, répond Danglars à voix haute pour rassurer les invités.

Entre-temps, monsieur Morrel est revenu. Il est très pâle et tous comprennent alors que les nouvelles ne sont pas bonnes.

— La chose est grave... très grave... plus grave que ce que l'on pouvait imaginer : on l'accuse d'être un agent bonapartiste !

À l'époque, c'est une accusation terrible.

— Mais il est innocent ! s'écrie Mercédès.

— Je sais ! Mais il sera difficile de le prouver...

Mercédès et le père d'Edmond sont désespérés.

— Danglars, tu m'as trompé, et je vais tout leur dire ! menace Caderousse.

— Tais-toi ! ordonne le comptable. Qui te dit qu'il n'est pas vraiment coupable ? Et si l'on trouve les preuves de sa culpabilité, ceux qui l'auront soutenu pourraient passer pour ses complices.

Caderousse comprend l'allusion en un éclair.

— Tu as raison... Il vaut mieux attendre.

Monsieur Morrel, qui a malheureusement besoin de quelqu'un pour commander son navire, nomme temporairement Danglars capitaine du *Pharaon*. « Le temps qu'Edmond soit remis en liberté » a précisé l'armateur. Le comptable a du mal à cacher sa joie.

« Ah ! » pense-t-il, « tout se passe comme prévu : je suis le nouveau capitaine du *Pharaon* et si Caderousse se tait, je le serai pour longtemps. De plus, avec monsieur de Villefort comme substitut du procureur du roi, je suis tranquille, ils ne le relâcheront jamais : il est en effet plus royaliste que le roi ! »

Compréhension écrite et orale

DELF **1** Écoutez attentivement l'enregistrement du chapitre, puis cochez la bonne réponse.

1 L'armateur assiste aux fiançailles d'Edmond et de Mercédès, ce qui
   a ☐ confirme la promotion d'Edmond.
   b ☐ annonce le départ d'Edmond.

2 Le commissaire vient pour
   a ☐ arrêter Edmond.
   b ☑ féliciter les mariés.

3 Les invités sont
   a ☑ surpris.
   b ☐ indifférents.

4 Caderousse comprend que Danglars a
   a ☐ déchiré la lettre.
   b ☑ seulement jeté la lettre.

5 Edmond est accusé d'être
   a ☐ royaliste.
   b ☑ bonapartiste.

6 Morrel nomme Danglars
   a ☑ capitaine.
   b ☐ armateur.

2 Lisez attentivement le chapitre, puis complétez le texte.

C'est le jour des (**1**) .... d'Edmond et de Mercédès. La fête est interrompue par l'arrivée d'un (**2**) .... Il est venu (**3**) .... Edmond Dantès. La fiancée et le père d'Edmond sont brisés par la (**4**) .... Un peu plus tard, monsieur Morrel apporte de tristes (**5**) .... au sujet d'Edmond. On pense que c'est un agent bonapartiste, ce qui est une (**6**) .... très grave à l'époque. Caderousse décide de ne pas dire ce qu'il sait, parce qu'il ne veut pas être accusé d'être le (**7**) .... d'Edmond Dantès. Danglars a du mal à cacher sa joie : l'arrestation d'Edmond lui permet d'être (**8**) .... capitaine du *Pharaon*.

Grammaire

L'accord du participe passé avec *avoir*

Le participe passé s'accorde en genre et en nombre avec le complément d'objet direct lorsque celui-ci précède l'auxiliaire *avoir*.

Il a récupéré <u>la lettre</u>.   *Il <u>l'</u>a récupérée.*

On peut avoir comme COD :

- un pronom personnel complément d'objet direct (*me, te, le, la, nous, vous, les*).
  La lettre ? Il <u>l'</u>a remise au commissaire.

- le pronom relatif *que*.
  La lettre <u>que</u> tu as jetée sous la table.

- un pronom interrogatif (*lequel, laquelle, lesquels, lesquelles*).
  <u>Lesquelles</u> avez-vous rapportées ?

- un groupe nominal.
  <u>Quelles</u> <u>marchandises</u> a-t-il récupérées ?

Si le COD est représenté par le pronom *en*, le participe passé est toujours invariable.
Des lettres ? Je n'en ai pas reçu.

1 Accordez le participe passé lorsque cela est nécessaire.

1 La lettre, tu ne l'as pas déchiré..., tu l'as seulement jeté.......... ?

2 Il avait poussé.......... un cri, mais elle ne l'avait pas entendu.......... .

3 Danglars, vous m'avez trompé.........., dit Caderousse !

4 Le comptable a caché.......... sa joie.

5 Les nouvelles que monsieur Morrel a apporté.......... ne sont pas bonnes.

6 La stupeur avait envahi.......... chacun des invités.

7 Il a nommé Danglars capitaine, mais il lui a précisé.......... que c'était temporaire.

8 Le prisonnier est invité à suivre les soldats. Il les a suivi.......... sans rien dire.

Enrichissez votre **vocabulaire**

1 Retrouvez le sens des phrases suivantes.

1 La joie se lit sur leur visage.
   a ☐ Ils laissent apparaître leur joie.
   b ☐ Ils cachent leur joie.

2 Ils sont aveuglés par leur bonheur.
   a ☐ Ils sont si heureux qu'ils ne voient pas ce qui se passe autour d'eux.
   b ☐ Ils sont aveugles et heureux.

3 Il a un vague souvenir de ce qui s'est passé.
   a ☐ Son souvenir est aussi fort qu'une vague.
   b ☐ Son souvenir n'est pas très précis.

4 Il comprend l'allusion en un éclair.
   a ☐ Il comprend très lentement.
   b ☐ Il comprend très rapidement.

5 Tout se passe comme prévu.
   a ☐ Tout va de travers.
   b ☐ Tout se passe comme il l'avait programmé.

6 Il est plus royaliste que le roi.
   a ☐ Il a des conceptions de la royauté plus absolutistes que le roi lui-même.
   b ☐ Il accuse le roi de trahison.

7 Il ne le perd pas de vue.
   a ☐ Il le regarde tout le temps.
   b ☐ Il ne le voit plus.

Production écrite et orale

1 Jouez la scène de l'arrestation d'Edmond (de « Au nom de la loi » jusqu'à « essayons plutôt d'aider Dantès »). Définissez le ton utilisé par chaque personnage (ton ému d'Edmond, ton autoritaire du commissaire, etc.).

L'interrogatoire

Prenons le temps de faire la connaissance de monsieur de Villefort car c'est lui qui décidera de la vie d'Edmond Dantès. Âgé de vingt-sept ans, ce fervent royaliste occupe déjà un poste important dans la magistrature, puisqu'il est substitut du procureur du roi. De plus, il va bientôt épouser une jeune aristocrate, mademoiselle de Saint-Méran, qui appartient à l'une des plus importantes familles de l'époque. Monsieur de Villefort est donc promis à un bel avenir. Malheureusement, son père, monsieur Noirtier, est un bonapartiste fidèle et dévoué, ce qui menace en permanence son avenir. Pour faire oublier ce père bonapartiste à la famille royaliste de sa fiancée, il doit donc se montrer inflexible avec les conspirateurs. Monsieur de Villefort pense à tout cela lorsqu'il quitte la maison de sa future épouse pour aller se prononcer sur le cas d'Edmond Dantès.

Monsieur Morrel connaît un peu monsieur de Villefort, et c'est pour cette raison qu'il s'est rendu au palais de justice : il veut plaider la cause d'Edmond [1]. Il sait que Villefort est royaliste, mais

1. **Plaider la cause de quelqu'un** : parler en sa faveur.

il souhaite tout de même faire appel à sa bonté. Lorsque monsieur de Villefort arrive, l'armateur se précipite vers lui et le prie d'épargner ce pauvre Edmond Dantès, un homme bon et honnête, et un excellent marin. Le substitut du procureur du roi regarde Morrel avec mépris et lui dit :

— On peut être un homme bien dans la vie privée et dans son travail, et être coupable au niveau politique. Vous le savez bien, vous, monsieur Morrel..., lui dit Villefort en insistant sur les derniers mots.

Morrel reste sans voix, car il est en effet bonapartiste. Le magistrat le salue froidement et entre dans le palais de justice. Après s'être installé à son bureau, monsieur de Villefort ordonne de faire entrer le prisonnier. L'interrogatoire commence.

— Que faisiez-vous lorsque vous avez été arrêté ?

— J'étais sur le point de me fiancer avec une jeune femme que j'aime depuis trois ans, répond Edmond.

Cette phrase touche le substitut car elle lui rappelle sa propre existence. On l'a dérangé pour détruire le bonheur d'un homme comme lui, un homme qui lui aussi va se marier, qui lui aussi est heureux ! Au fur et à mesure de l'interrogatoire, Villefort se sent de plus en plus proche d'Edmond.

— Monsieur Dantès, vous dites ne pas avoir d'ennemis, mais peut-être que certains de vos amis ou de vos connaissances sont envieux : vous allez être capitaine à dix-neuf ans et vous allez épouser une jolie femme qui vous aime. Cela suffit pour faire des jaloux ! Lisez la lettre de dénonciation et dites-moi si vous reconnaissez l'écriture.

Dantès lit attentivement la lettre, puis répond :

— Je ne connais pas cette écriture. Mais on dirait que j'ai un ennemi.

— À présent, dites-moi ce qu'il y a de vrai dans cette accusation.

— En quittant Naples, le capitaine Leclère, sur le point de mourir, m'a demandé de prendre le commandement et de faire escale à l'île d'Elbe pour remettre une lettre au grand maréchal. En échange, je devais en recevoir une autre. Les dernières prières d'un mourant sont sacrées et j'ai donc exécuté ses ordres. Comme prévu, le grand maréchal m'a remis une lettre que je devais porter en personne à Paris. Voilà toute l'histoire. La suite, vous la connaissez : j'allais me fiancer quand on m'a arrêté.

— Vous semblez dire la vérité. Bien, jetons un œil à la lettre que vous deviez porter à Paris, et vous êtes libre.

— Merci, monsieur !

— Voyons voir, dit Villefort, à qui elle est adressée... À monsieur Noirtier, rue Coq-Héron, à Paris.

Monsieur de Villefort devient très pâle. Il relit une seconde fois le nom inscrit sur l'enveloppe.

— Vous le connaissez ? demande Edmond.

— Non ! répond Villefort. Un fidèle serviteur du roi comme moi ne connaît pas les conspirateurs !

— Il s'agit donc d'une conspiration ? Je vous l'ai dit, continue Dantès, terrorisé par la réaction de Villefort, je ne connais absolument pas le contenu de cette lettre !

— Peut-être, mais vous connaissez le nom de celui à qui elle est adressée ! Avez-vous montré cette lettre à quelqu'un ?

— Non, monsieur, je vous le jure !

— Vous n'avez dit à personne que vous aviez une lettre venant de l'île d'Elbe et adressée à monsieur Noirtier ?

— À personne !

Edmond Dantès regarde maintenant Villefort avec

appréhension : il n'est plus si sûr d'être relâché. Villefort relit la lettre pour la troisième fois.

« S'il connaît le contenu de la lettre et qu'il apprend que Noirtier est mon père, je suis perdu ! » pense-t-il.

Il regarde le jeune homme et, au prix d'un violent effort, il dit :

— Monsieur, je ne peux malheureusement pas vous libérer maintenant comme je le pensais. Je dois d'abord consulter le juge d'instruction. En attendant, vous serez prisonnier encore quelques jours. Pour vous aider, je vais détruire la principale charge qui pèse sur vous...

Sur ces mots, il jette la lettre dans la cheminée.

— Merci, monsieur, vous êtes la bonté même !

— Vous voyez : vous pouvez avoir confiance en moi !

Il s'approche de Dantès.

— Permettez-moi de vous donner quelques conseils. Si quelqu'un d'autre vient vous interroger, vous pouvez tout lui raconter, mais ne parlez jamais de cette lettre : c'est la seule façon de vous sauver.

— Je vous le promets, affirme Dantès.

Villefort sonne et Dantès repart avec un officier. Dès que la porte se referme, Villefort s'écroule dans un fauteuil. « Le bonheur ne tient qu'à un fil ! » se dit-il. « Si quelqu'un d'autre avait lu la lettre, j'étais perdu ! Et tout ça, à cause de mon père ! » Tout à coup, son visage s'illumine. « Mais attends un peu... Cette lettre qui devait me détruire pourrait bien finalement contribuer à mon bonheur... »

Compréhension écrite et orale

DELF ❶ Lisez attentivement le chapitre, puis cochez la bonne réponse.

1 Quel est le poste occupé par Villefort ?
- a ☐ Il est ministre.
- b ☐ Il est substitut du procureur du roi.

2 Pourquoi monsieur Noirtier menace-t-il l'avenir de Villefort ?
- a ☐ Parce qu'il est bonapartiste.
- b ☐ Parce qu'il est royaliste.

3 Pour quelle raison monsieur Morrel se rend-il au palais de justice ?
- a ☐ Pour défendre Edmond.
- b ☐ Pour accuser Edmond.

4 Lors de l'interrogatoire, pourquoi Villefort se sent-il de plus en plus proche d'Edmond ?
- a ☐ Car lui aussi est heureux et il va se marier.
- b ☐ Car lui aussi est bonapartiste.

5 Selon Villefort, pourquoi Edmond a-t-il été dénoncé ?
- a ☐ Parce qu'il a des ennemis.
- b ☐ Parce qu'il est coupable.

6 Pourquoi Villefort change-t-il d'attitude après avoir lu la lettre ?
- a ☐ Parce qu'elle prouve qu'Edmond est coupable.
- b ☐ Parce qu'elle est adressée à son père, monsieur Noirtier.

7 En quoi consiste le changement d'attitude de Villefort ?
- a ☐ Il fait immédiatement relâcher Edmond.
- b ☐ Il ne fait plus relâcher Edmond.

8 En réalité, pourquoi Villefort jette-t-il la lettre ?
- a ☐ Parce qu'elle prouve que son père est bonapartiste.
- b ☐ Parce qu'elle n'a aucune importance.

9 Quel est le conseil que Villefort donne à Edmond ?
- a ☐ Il lui dit de ne parler de la lettre à personne.
- b ☐ Il lui dit de ne rien raconter à personne.

2 Remettez les phrases dans l'ordre chronologique de l'histoire.

a ☐ L'avenir de Villefort est menacé par les positions bonapartistes de son père, monsieur Noirtier.

b ☐ Villefort est sur le point de relâcher Edmond lorsqu'il s'aperçoit que la lettre est adressée à son propre père.

c ☐ Villefort, fervent royaliste et substitut du procureur du roi, va décider du sort d'Edmond.

d ☐ Monsieur Morrel se rend au palais de justice pour défendre Edmond auprès de Villefort.

e ☐ Villefort fait promettre à Edmond de ne jamais parler de cette lettre.

f ☐ Au début de l'interrogatoire, l'attitude de Villefort est favorable à Edmond car lui aussi est sur le point de se marier.

g ☐ Pour ne pas compromettre son propre avenir, le substitut fait emprisonner Edmond et détruit la seule preuve de l'innocence du jeune homme.

h ☐ Villefort a peur qu'Edmond apprenne que monsieur Noirtier est son père.

i ☐ Le substitut reçoit Morrel froidement car il sait que ce dernier est bonapartiste.

j ☐ Villefort pense que c'est un envieux qui a écrit la lettre de dénonciation.

k ☐ Edmond admet avoir obéi aux dernières prières d'un mourant sans avoir lu la lettre.

3 Dites si les personnages suivants apparaissent dans le texte comme royalistes (R) ou bonapartistes (B). Lorsque c'est possible, justifiez votre réponse en citant une phrase du texte.

		R	B	
1	Edmond Dantès	☐	☐	....
2	Monsieur de Villefort	☐	☐	....
3	Monsieur Noirtier	☐	☐	....
4	Monsieur Morrel	☐	☐	....

Grammaire

Les connecteurs logiques

Les connecteurs logiques établissent un lien entre deux phrases. On utilise :
- **parce que, puisque, car** pour exprimer la cause.
  *Il occupe un poste important **puisqu'**il est substitut du procureur du roi.*
- **alors, donc, ainsi** pour exprimer la conséquence.
  *Monsieur Villefort est **donc** promis à un bel avenir.*
- **pour, afin de** pour exprimer le but.
  ***Pour** vous aider, je vais détruire la principale charge qui pèse sur vous...*
- **mais, par contre, alors que** pour exprimer l'opposition.
  *Villefort est royaliste **alors que** son père est bonapartiste.*
- **bien que** (+ subjonctif), **cependant** pour exprimer la concession.
  ***Bien que** le substitut se sente proche d'Edmond, il le condamne.*

1 Complétez les phrases à l'aide d'un connecteur logique.

1 Morrel reste sans voix .... il est bonapartiste.

2 Il faut parler du procureur .... il va décider de la vie d'Edmond.

3 Noirtier est un fervent bonapartiste .... son fils est royaliste.

4 Villefort est substitut du procureur du roi et il va bientôt épouser une jeune aristocrate. Il est .... promis à un bel avenir.

5 Il quitte la maison de sa future épouse .... se rendre au palais de justice.

6 Vous semblez dire la vérité, vous êtes .... libre.

7 Je ne peux pas connaître cet homme .... je suis un fidèle serviteur du roi.

8 C'est un homme bien dans la vie privée, ... il est coupable au niveau politique.

Production écrite et orale

DELF **1** Vous êtes victime d'une injustice : trouvez les arguments pour vous défendre.

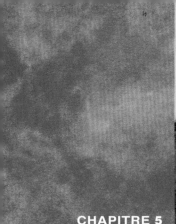

CHAPITRE 5

Le château d'If

On conduit Dantès au port et on le fait monter à bord d'une petite embarcation. Il a confiance en Villefort et il ne s'étonne pas de ce départ inexpliqué. Cependant, lorsque la barque s'éloigne du quai, il commence à s'inquiéter.

— Où m'emmenez-vous ? demande-t-il à l'un des gendarmes.

— Vous le saurez bientôt.

— Je vous en prie, j'ai besoin de le savoir !

— Regardez autour de vous, lui dit le gendarme.

Dantès aperçoit au loin le rocher noir sur lequel se dresse le château d'If.

— Mais... Je ne comprends pas. Le château d'If est une prison d'État où vont seulement les prisonniers politiques importants. Moi, je n'ai commis aucun crime et monsieur de Villefort m'avait promis...

Edmond comprend alors que tout espoir est perdu et pour échapper au sort qui l'attend, il tente de se jeter à la mer. Mais les gendarmes réussissent à le retenir. Peu de temps après, l'embarcation arrive sur l'île. On conduit Dantès dans une cellule.

— Il y a du pain et de l'eau dans la cruche, lui dit le geôlier, et de la paille dans un coin pour dormir : tout ce qu'un prisonnier peut désirer. Bonne nuit.

La porte se referme sur lui. Désespéré, Dantès commence à pleurer.

« Pourquoi suis-je ici ? Pour combien de temps ? Comment vont mon père et Mercédès ? »

Le lendemain, à l'aube, le geôlier entre dans la cellule.

— Vous voulez quelque chose ? demande-t-il à Dantès.

— Je veux voir le gouverneur !

— Un prisonnier n'a pas le droit de parler au gouverneur.

— Je veux voir le gouverneur, c'est très important !

— N'insistez pas, c'est impossible ! Si vous vous obstinez ainsi, vous allez devenir fou. C'est ainsi que commence la folie ! C'est comme cet abbé qui voulait absolument offrir un million au gouverneur en échange de sa liberté. Eh bien, il a fini au cachot !

— Écoutez, je ne suis pas fou. Aidez-moi ! Si je vous offre dix écus [1], promettez-moi de porter ce message à Mercédès, une jeune fille qui habite aux Catalans, à Marseille.

— Si je suis découvert, je perds ma place. Gardez votre argent !

— Si vous refusez, je trouverai le moyen de me venger...

Dantès s'empare de la cruche et menace le geôlier.

— D'accord, d'accord, je vais dire au gouverneur que vous voulez le voir, puis j'apporterai le message à la jeune fille.

Le geôlier sort de la cellule. Quelques minutes plus tard, il revient accompagné de quatre soldats.

— Par ordre du gouverneur, descendez le prisonnier au cachot. Il faut mettre les fous avec les fous !

---

1. **Un écu** : ancienne monnaie.

Compréhension écrite et orale

DELF **1** Écoutez attentivement l'enregistrement du chapitre, puis dites si les affirmations suivantes sont vraies (V) ou fausses (F).

		V	F
1	On fait monter Edmond à bord d'une petite embarcation.	☑	☑
2	Le château d'If est une prison d'État.	☑	☐
3	Arrivé sur l'île, Edmond est conduit dans une cellule.	☑	☐
4	Edmond demande au geôlier de voir son père et Mercédès.	☑	☑
5	Un abbé est au cachot parce qu'il a offert de l'argent en échange de sa liberté.	☐	☑
6	Edmond prend un couteau et menace le geôlier.	☐	☑
7	Quatre soldats emmènent Edmond dans un cachot.	☑	☑

DELF **2** Lisez attentivement le chapitre, puis cochez la bonne réponse.

1 Edmond ne s'étonne pas de ce départ inexpliqué parce qu'il
   a ☐ sait déjà où on l'emmène.
   b ☑ a confiance en Villefort.
   c ☐ a confiance dans les gendarmes.

2 Edmond commence à comprendre lorsqu'il
   a ☐ voit la barque s'éloigner du quai.
   b ☐ monte dans la petite embarcation.
   c ☑ aperçoit le château d'If.

3 Désespéré, Edmond tente de
   a ☑ se jeter à la mer.
   b ☐ corrompre le gendarme.
   c ☐ jeter le gendarme à la mer.

4 Selon le geôlier, un prisonnier peut désirer

a ☐ de l'eau et du pain.

b ☐ du pain, de l'eau et du vin.

c ☐ du pain, de l'eau et de la paille pour dormir.

5 Lorsque la porte se referme sur lui, Edmond

a ☐ se sent triste et commence à pleurer.

b ☐ est désespéré, mais il retient ses larmes.

c ☐ se pose des questions sur son avenir.

6 En échange d'une somme d'argent, le geôlier doit

a ☐ faire sortir Dantès de prison.

b ☐ porter un message à Mercédès.

c ☐ faire venir le gouverneur dans sa cellule.

7 Le geôlier finit par accepter de prévenir le gouverneur parce qu'Edmond

a ☐ lui offre de l'argent.

b ☐ lui est sympathique.

c ☐ le menace.

Enrichissez votre **vocabulaire**

1 Retrouvez dans le chapitre le contraire des mots suivants.

1 Descendre à quai ....

2 L'arrivée ....

3 Ignorer ....

4 S'approcher ....

5 Le jour ....

6 Le devoir ....

7 Le crépuscule ....

8 La veille ....

2 Associez la fin de chaque expression à son début.

1 ☐ Avoir confiance   **a** de quelque chose.

2 ☐ Avoir besoin   **b** de quelqu'un.

3 ☐ Commettre   **c** en quelqu'un.

4 ☐ Perdre   **d** sa place.

5 ☐ S'emparer   **e** un crime.

3 Associez chaque mot au dessin correspondant.

a une cellule   **c** un cachot   **e** une cruche

b de la paille   **d** un prisonnier   **f** un soldat

1 e   2 a   3 b   4 d   5 f   6 c

Production écrite et orale

1 D'après vous, que contient le message adressé à Mercédès ?

CHAPITRE 6

Entre le roi et l'Empereur

Suite à sa découverte, monsieur de Villefort décide de se rendre
dans la capitale pour avertir le roi du complot qui se prépare
contre lui. Alors qu'il se rend chez lui pour préparer ses malles¹, il
est arrêté dans la rue par Mercédès. Elle veut connaître les
raisons de l'arrestation d'Edmond, l'homme qu'elle aime et
qu'elle devait épouser.

— Cet homme est coupable et je ne peux rien faire pour lui,
répond le substitut du procureur à Mercédès.

La belle Catalane laisse échapper un long sanglot. Villefort
semble indifférent à la réaction de Mercédès. Il reprend son
chemin, mais il sait, cependant, qu'il sacrifie un homme à son
ambition, qu'il fait payer à un innocent la culpabilité de son
propre père. Cette fois, il n'est plus juge, mais bourreau. Il vient
de condamner à la prison à vie un innocent qui, comme lui,
voulait seulement être heureux. Villefort hésite, il est plein de
remords, mais ce n'est qu'un moment de faiblesse passagère... il
est trop tard... Edmond Dantès est condamné.

1. **Les malles** : bagages.

Fernand est allé rejoindre Mercédès chez elle. La jeune catalane est folle de désespoir et Fernand, qui souffre de la voir si triste, jure qu'il restera auprès d'elle. Le père Dantès, lui, a tant de peine pour son fils qu'il en tombe malade. Morrel, de son côté, a essayé par tous les moyens de venir en aide à Edmond, mais tous ses efforts ont été inutiles. Caderousse ne se pardonne pas ce qui s'est passé, mais au lieu d'agir, il s'enferme chez lui pour boire et essayer d'oublier. Danglars est évidemment le seul à être tranquille et heureux : il s'est assuré sa place à bord du *Pharaon*.

Villefort a donc décidé de prévenir Louis XVIII de la conspiration dont il est l'objet. S'il avertit lui-même le roi, il obtiendra sa reconnaissance, il empêchera que le nom du conspirateur, c'est-à-dire celui de son père, ne soit révélé et surtout, il sauvera sa carrière.

Cependant, malgré les efforts du substitut, Napoléon remonte sur le trône quelques jours plus tard. Monsieur Morrel tente alors d'intervenir de nouveau auprès de Villefort. Ce dernier, convaincu que la chute de l'Empereur est imminente, ne peut pas relâcher Dantès sans risquer pour lui et sa carrière. Pour ne pas éveiller les soupçons de Morrel, Villefort fait semblant de vouloir aider Dantès.

— La seule solution est d'écrire une lettre adressée au ministre de la Justice, explique-t-il sur un ton qui se veut bienveillant.

— Mais comment serons-nous sûrs qu'elle arrivera ? s'inquiète Morrel.

— Nous allons l'écrire ensemble et je prendrai moi-même soin de la faire parvenir.

Villefort dicte la lettre à l'armateur.

— Je vous remercie pour votre aide. Et maintenant, que doit-on faire ? demande-t-il au substitut.

— Attendre. Ne vous inquiétez pas, je m'occupe de tout.

Morrel s'en va, le cœur rempli d'espoir. Mais c'est, hélas, bien mal connaître Villefort ! Au lieu d'envoyer la lettre à Paris au ministre de la Justice, il la garde bien précieusement dans son bureau, car si Dantès est libéré, il sait qu'il est perdu !

Heureusement pour Villefort, le retour de la monarchie ne se fait pas attendre. Après les Cent-Jours et l'échec de la bataille de Waterloo, Louis XVIII reprend le pouvoir.

Pendant le bref retour de Napoléon, Danglars craignait chaque jour que Dantès ne soit relâché et qu'il ne revienne se venger. Il a donc décidé de quitter la France pour partir s'installer en Espagne, à Madrid. À la chute de l'Empereur, le vieux Dantès perd tout espoir de revoir un jour son fils. Cinq mois après avoir vu Edmond pour la dernière fois, il rend son dernier soupir. Monsieur Morrel s'occupe de tout et paie les dernières dettes de la famille Dantès. C'est un véritable acte de courage de la part de l'armateur. Secourir le père d'un bonapartiste au moment du retour du roi sur le trône pourrait lui être fatal.

Fernand prend soin de Mercédès qui attend toujours le retour de Dantès. Le dévouement dont il fait preuve transforme progressivement les sentiments de Mercédès. À l'amitié s'ajoute maintenant la reconnaissance : elle l'appelle « mon frère ».

Compréhension écrite et orale

DELF ❶ Lisez attentivement le chapitre, puis cochez la bonne réponse.

1 Monsieur de Villefort décide d'aller
   a ☐ avertir le roi.
   b ☐ voir Mercédès.

2 Mercédès veut connaître les raisons de
   a ☐ la réaction de Villefort.
   b ☐ l'arrestation d'Edmond.

3 Villefort sait
   a ☐ que sa réaction est honnête.
   b ☐ qu'il sacrifie un innocent à son ambition.

4 Le seul à être tranquille et heureux, c'est
   a ☐ Caderousse.
   b ☐ Danglars.

5 Si Villefort avertit lui-même le roi du complot, il
   a ☐ obtiendra sa reconnaissance.
   b ☐ sauvera la carrière de Morrel.

6 Lorsque Napoléon remonte sur le trône, Morrel décide
   a ☐ de rendre visite à l'empereur.
   b ☐ d'intervenir auprès de Villefort.

7 Villefort fait semblant de vouloir
   a ☐ relâcher Edmond.
   b ☐ aider Edmond.

8 Après avoir écrit la lettre, Villefort
   a ☐ l'envoie au ministre de la Justice.
   b ☐ la garde dans son bureau.

9 Après les Cent-Jours et Waterloo,
   a ☐ Louis XVIII reprend le pouvoir.
   b ☐ Napoléon reprend le pouvoir.

2 Relisez le chapitre, puis mettez une croix dans la ou les case(s) correspondant au caractère de chaque personnage.

Caderousse = C   Danglars = D   Le vieux Dantès = VD

Fernand = F   Morrel = MO   Mercédès = M   Villefort = V

	C	D	VD	F	MO	M	V
Ambitieux(-se)							
Courageux(-se)							
Désespéré(e)							
Dévoué(e)							
Fautif(-ve)							
Indifférent(e)							
Tranquille							
Heureux(-se)							

3 Complétez le texte à l'aide des noms des personnages et des adjectifs de l'exercice précédent.

(1) .... est d'abord (2) .... à la réaction de Mercédès. S'il agit de cette manière, c'est parce qu'il est (3) .... Cependant, il a des remords : il se sent (4) ....
(5) .... aime Edmond, mais elle ne réussit pas à convaincre Villefort. Elle est triste et (6) .... (7) .... aussi aime beaucoup Edmond et tente d'intervenir auprès de Villefort. Il prend des risques, c'est un personnage très (8) .... (9) .... se sent lui aussi (10) .... mais il essaie d'oublier en buvant.
(11) ...., qui est (12) ...., meurt sans avoir revu son fils une dernière fois. (13) .... reste auprès de Mercédès, il lui est entièrement (14) .... Dans toute cette histoire, le seul et l'unique à se sentir (15) .... et (16) ...., c'est (17) .... !

Enrichissez votre **vocabulaire**

1 Complétez la grille à l'aide des définitions.

Horizontalement

2 Contraire d'*innocence*.

5 On en a lorsque l'on a conscience d'avoir mal agi.

7 Expression de la douleur accompagnée de larmes.

8 Contraire de *réussite*.

9 Aider quelqu'un qui en a besoin.

Verticalement

1 Personne qui exécute une condamnation.

3 Qui va se produire très bientôt.

4 Doutes sur les intentions de quelqu'un.

6 Libérer.

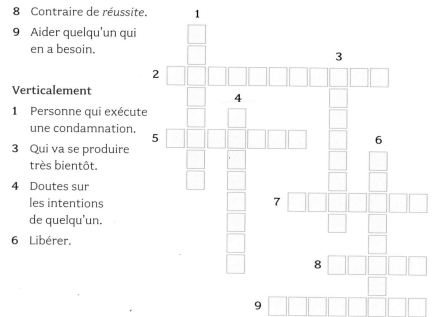

Production écrite et orale

DELF **1** Un(e) de vos ami(e)s se trouve dans le besoin. Que feriez-vous pour l'aider ? De quoi seriez-vous capable ?

DELF **2** Vos sentiments envers une personne que vous appréciez ont changé. Expliquez pourquoi.

L'abbé Faria

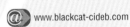

Un an après le retour du roi sur le trône, un inspecteur général se rend dans les prisons pour un contrôle. Il visite les cellules les unes après les autres et demande aux prisonniers s'ils ont des réclamations à faire. Tous répondent de façon unanime : la liberté !

Dantès, du fond de son cachot, devine que quelque chose d'important se passe. Lorsque l'inspecteur entre, il comprend que c'est une occasion inespérée d'expliquer sa situation.

— Que voulez-vous ? demande l'inspecteur.

— Je voudrais savoir de quoi je suis accusé. Je voudrais un procès : qu'on me fusille si je suis coupable, et qu'on me rende ma liberté si je suis innocent ! Pourquoi suis-je encore ici ? Cela fait si longtemps maintenant que je suis en prison !

— Quand avez-vous été arrêté ?

— Le 28 février 1815.

— Nous sommes le 30 juillet 1816, dit l'inspecteur, cela fait donc dix-sept mois que vous êtes prisonnier.

— Dix-sept mois ?! Mais j'ai l'impression d'être enfermé

depuis dix-sept siècles ! Je ne vous demande pas de me libérer, mais de me donner des juges pour que mon procès ait lieu.

— On verra, ajoute l'inspecteur, ému par le discours du jeune homme. Qui vous a interrogé ?

— Monsieur de Villefort. Il a été bon pour moi au moment de l'arrestation.

— Je peux donc croire tout ce qu'il a écrit dans votre dossier ?

— Vous pouvez le croire sur parole, affirme Dantès.

L'inspecteur se rend ensuite dans le cachot du dernier prisonnier, celui d'un vieil abbé italien, emprisonné depuis 1811. On le dit fou parce qu'il prétend posséder un immense trésor : l'abbé Faria promet à chaque personne qui entre une grosse somme d'argent en échange de sa liberté.

— Que voulez-vous ? demande l'inspecteur.

L'abbé Faria se trouve au milieu de la pièce, assis à l'intérieur d'un cercle tracé par terre. Il est en train de dessiner des lignes géométriques. Dès que l'inspecteur entre, il se lève rapidement.

— Je suis heureux de vous voir, même si vous m'avez dérangé... Je faisais des calculs très importants.

Il se tait un instant, puis il dit à l'inspecteur :

— J'ai des révélations à vous faire...

— Vous voyez bien qu'il est fou, murmure le gardien. Maintenant, il va vous proposer de l'argent.

— Je suis né à Rome, continue l'abbé, et pendant vingt ans, j'ai été secrétaire du cardinal Rospigliosi. J'ai été arrêté en 1811... je me demande encore pourquoi. Je voudrais parler avec vous, seul à seul. En échange de ma liberté, je peux donner une énorme somme d'argent à votre gouvernement.

— Nous connaissons votre histoire, monsieur, et le gouvernement n'a pas besoin de votre argent, répond l'inspecteur.

— Si je ne sors jamais de prison, si je meurs sans avoir révélé mon secret à personne, ce trésor sera perdu ! Pourquoi ne pas vouloir en profiter ?

— À l'entendre, on le croirait presque, dit l'inspecteur à voix basse.

— Je vous dis la vérité, ce trésor existe ! s'indigne l'abbé.

— Êtes-vous bien nourri ? interrompt l'inspecteur pour mettre fin à l'entretien.

L'abbé comprend qu'il n'obtiendra rien de cet homme non plus.

— Partez, je n'ai plus rien à vous dire.

Et il se remet à ses calculs. L'inspecteur sort du cachot, convaincu lui aussi que cet abbé est complètement fou.

Comme il l'a promis à Edmond Dantès, l'inspecteur va examiner son dossier dans le bureau du gouverneur, mais le rapport est formel : Dantès est un bonapartiste enragé, et un commentaire récent précise qu'il faut garder ce prisonnier sous haute surveillance. L'inspecteur ne peut donc malheureusement rien faire pour lui, mais Edmond ne le sait pas et espère de nouveau revoir la lumière du jour. Trois ans plus tard, il doit se rendre à l'évidence : il ne sortira jamais de cette prison ! Le plus noir des désespoirs s'empare de lui : la mort lui semble le meilleur moyen de mettre fin à ses souffrances et il décide de se laisser mourir de faim.

Un soir, très affaibli, il entend un bruit sourd, de l'autre côté du mur. Un rat ? Une hallucination ? La folie ? Le bruit continue, puis Edmond entend une sorte d'éboulement [1]... Est-ce un autre prisonnier qui, comme lui, cherche la liberté ? Edmond reprend espoir, mais ne sera-t-il pas encore déçu ? Il décide d'en avoir le

---

1. **Un éboulement** : chute de matériaux.

cœur net et il commence à donner, lui aussi, des coups contre le mur : si la personne cherche réellement à s'évader, elle prendra peur et le bruit s'arrêtera immédiatement. Dès le premier coup, le bruit cesse : plus de doute, c'est bien un prisonnier... Trois longues journées passent... toujours pas de bruit. Puis, il entend enfin quelque chose de l'autre côté du mur. Fou de joie, il décide de venir en aide au travailleur invisible. Il casse sa cruche, en récupère quelques morceaux et commence à gratter le mur. Après quelques jours de travail intense, Dantès est arrêté par une grosse pierre. Il est complètement découragé, lorsque soudain, il entend une voix d'outre-tombe.

— Qui êtes-vous ? lui demande la voix.

— Et vous ? répond Dantès.

— Je suis un malheureux prisonnier. Depuis combien de temps êtes-vous enfermé ?

— Depuis le 28 février 1815, et vous ?

— Depuis 1811.

Dantès sent un frisson lui parcourir le dos : l'homme a passé quatre ans de plus que lui en prison ! Cette idée lui est insupportable, mais la joie de pouvoir enfin parler à quelqu'un et de pouvoir partager ses souffrances lui redonne espoir.

— Je pensais que ce mur donnait sur la mer, reprend l'homme. Je voulais plonger dans la mer et nager jusqu'à l'île la plus proche. Ainsi, j'étais sauvé ! J'étais libre ! À présent, tout est perdu ! Adieu !

— Non, ne me laissez pas, ne m'abandonnez pas ! crie Edmond. Nous sommes deux maintenant ! Je pourrai vous aider, nous pourrons fuir ensemble. Nous parlerons des gens que nous aimons !

Le ton de Dantès est tellement sincère que le prisonnier se laisse convaincre. Ils réussissent à faire tomber le dernier morceau de mur qui les sépare. Lorsque l'homme apparaît, Dantès le serre dans ses bras. Son nouveau compagnon a les cheveux blancs et porte une longue barbe noire. Ses épais sourcils soulignent un regard perçant. Il doit avoir environ soixante-cinq ans. L'abbé Faria se présente à Edmond et lui explique qu'il est emprisonné pour des raisons politiques.

— Lorsque j'ai été arrêté, je connaissais par cœur cent cinquante livres. Je les connais encore et je me les repasse les uns après les autres pour ne pas les oublier. Vous voyez, je ne m'ennuie jamais. Quand j'étudie, j'oublie le présent et ma captivité.

Dantès écoute cet homme et admire sa détermination, lui qui s'est résigné et n'a jamais pensé à s'enfuir. Les idées et la personnalité de l'abbé donnent à Dantès de l'énergie et du courage pour surmonter sa souffrance.

Faria lui explique aussi comment il a fabriqué les instruments qui lui ont servi pour sa tentative d'évasion, et ceux qu'il utilise pour écrire et étudier.

— Je vous montrerai tout cela quand vous viendrez me voir.

Dantès est de plus en plus émerveillé par les facultés de l'abbé. « Peut-être que cet homme, si intelligent et si cultivé, pourra comprendre les raisons de mon malheur » pense-t-il. Voyant Dantès perdu dans ses pensées, l'abbé Faria lui demande :

— À quoi pensez-vous, mon ami ?

— Je pense que je suis ignorant, et que je ne suis même pas capable de comprendre la raison de ma captivité.

— Voyons voir. Racontez-moi votre histoire, dit l'abbé en s'asseyant sur le lit d'Edmond.

Compréhension écrite et orale

DELF ① Lisez attentivement le chapitre, puis dites si les affirmations suivantes sont vraies (V) ou fausses (F).

		V	F
1	Tous les prisonniers disent à l'inspecteur qu'ils veulent leur liberté.	☑	☐
2	Edmond ne tente pas d'expliquer sa situation.	☐	☑
3	Edmond demande que son procès ait lieu.	☐	☐
4	Edmond a confiance en Villefort.	☐	☐
5	L'abbé Faria promet une grosse somme d'argent en échange de sa liberté.	☐	☐
6	L'inspecteur accepte la proposition de l'abbé.	☐	☐
7	Le dossier de Dantès confirme qu'il est bonapartiste.	☐	☐
8	Après trois ans, Edmond est sûr qu'il ne sortira jamais de prison.	☐	☐
9	Edmond reprend espoir quand il rencontre un prisonnier qui tente de s'évader.	☐	☐
10	Le prisonnier est un homme jeune et ignorant.	☐	☐

② Remettez les phrases dans l'ordre chronologique de l'histoire.

a ☐ L'inspecteur, ému, promet d'étudier le dossier d'Edmond.

b ☐ On dit que l'abbé est fou parce qu'il prétend posséder un immense trésor.

c ☐ Edmond explique à l'inspecteur qu'il veut savoir de quoi il est accusé.

d ☐ Cet homme est né à Rome et a été pendant vingt ans secrétaire d'un cardinal.

e ☐ Un soir, Dantès entend un bruit sourd de l'autre côté du mur : c'est un prisonnier qui tente de s'évader.

f ☐ Un inspecteur général se rend dans la prison du château d'If et visite les cellules les unes après les autres.

g ☐ Edmond et l'abbé font tomber le dernier morceau de mur qui les sépare.

h ☐ L'inspecteur examine le dossier de Dantès, mais il ne peut rien faire pour lui.

i ☐ Edmond pense que Faria pourra peut-être comprendre la raison de sa captivité.

j ☐ L'inspecteur se rend ensuite dans le cachot de l'abbé Faria.

k ☐ Les idées et la personnalité de l'abbé donnent du courage à Edmond.

l ☐ L'inspecteur va dans le cachot où se trouve Edmond.

3 Écoutez attentivement l'enregistrement, puis complétez les phrases.

16 mars 2008	19 janvier 1801	~~28 février 1815~~	3 avril 1898

15 juin 1670   30 juillet 1816   1812   1705   1811

treize   dix-sept   soixante-cinq   quatre-vingt-seize

1 Le _28 février 1815_ est la date de l'arrestation d'Edmond.

2 L'inspecteur est passé le _30 juillet 1816_ .

3 Edmond a passé _dix-sept_ mois en prison.

4 L'abbé Faria a été arrêté en _1811_ .

5 L'abbé Faria a _soixante-cinq_ ans.

Enrichissez votre **vocabulaire**

1 Associez chaque expression à sa signification.

a Arriver la bouche en cœur.

b En avoir le cœur net.

c Ne pas porter quelqu'un dans son cœur.

d Si le cœur vous en dit...

e Avoir le cœur sur la main.

f Parler à cœur ouvert.

g Connaître quelque chose par cœur.

1 [ ] Faire comme si de rien n'était.

2 [ ] Être généreux.

3 [ ] Très bien connaître quelque chose.

4 [ ] Être sûr de quelque chose après l'avoir vérifié.

5 [ ] Si vous en avez envie.

6 [ ] Ne pas apprécier quelqu'un.

7 [ ] Parler avec franchise.

2 Faites le portrait de l'abbé Faria à l'aide des mots proposés.

> vieux   professeur   fou   raisonnable   déterminé
> résigné   intelligent   cultivé   ignorant

3 Associez chaque mot à l'image correspondante.

a un trône   c un trésor   e de l'argent

b un rat   d des cheveux blancs f un sourcil

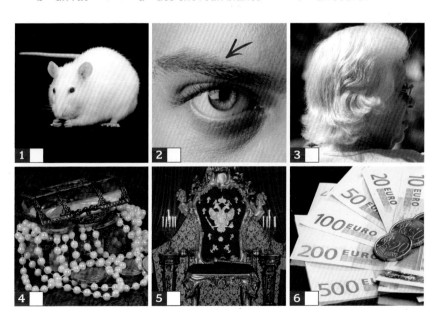

Grammaire

Le discours direct et le discours indirect

Le **discours direct** est la transcription exacte des paroles ou des pensées de quelqu'un. Il est introduit par des guillemets. Le **discours indirect** rapporte les propos de quelqu'un par l'intermédiaire d'un narrateur.

<u>Discours direct</u> *L'inspecteur dit : « Nous sommes le 30 juillet 1816. »*
<u>Discours indirect</u> *L'inspecteur dit que nous sommes le 30 juillet 1816.*

Lorsque l'on passe du discours direct au discours indirect, la phrase subit des transformations au niveau :
• des temps (si le verbe de la principale est au passé).

Discours direct	Discours indirect
présent de l'indicatif / imparfait	imparfait de l'indicatif
passé composé / passé simple	plus-que-parfait
futur	conditionnel

• des pronoms et des adjectifs possessifs.
Il demande : « Pouvez-<u>vous</u> me rendre ma liberté ? »
→ *Il demande s'il peut lui rendre sa liberté.*
• des mots introduisant la subordonnée.
phrase déclarative → **que**
Il lui explique qu'il est emprisonné pour des raisons politiques.
phrase interrogative → **si**
Il demande aux prisonniers s'ils ont des réclamations à faire. (Il n'y a plus d'inversion sujet-verbe.)
pronoms interrogatifs → aucun changement.

1 Transformez les phrases au style indirect.

1 L'inspecteur demande à Dantès : « Qui vous a interrogé ? »
2 Il lui demande : « Êtes-vous bien nourri ? »
3 La voix lui a demandé : « Qui êtes-vous ? »
4 Dantès demande à Faria : « Comment avez-vous fabriqué ces instruments ? »
5 Faria dit à Dantès : « Je m'échapperai. »

Les châteaux de Dumas

Le château de Monte-Cristo

C'est grâce au succès des *Trois Mousquetaires* et du *comte de Monte-Cristo* qu'Alexandre Dumas achète un domaine au Port-Marly, près de Paris. En 1844, il y fait construire le château de Monte-Cristo. C'est un château Renaissance, qui devient la demeure principale de l'écrivain. Dans le parc à l'anglaise, il y a de nombreuses grottes et cascades, ainsi qu'un petit château néogothique. Surnommé « le château d'If », ce dernier servira de cabinet de travail à Dumas.

Château de Monte-Cristo, demeure d'Alexandre Dumas, Port-Marly.

Le château d'If

Situé sur une petite île proche de Marseille, le château d'If a été construit au début du XVIe siècle à la demande de François Ier afin de protéger le port de Marseille. En 1634, cette forteresse devient une prison d'État. Après 1689, de nombreux protestants seront emprisonnés et mourront dans les cellules du château d'If. Contrairement à la légende, le Masque de fer et le marquis de Sade n'ont jamais été incarcérés dans cette prison. Le château d'If doit surtout sa notoriété au célèbre roman d'Alexandre Dumas, *Le comte de Monte-Cristo*, même si José Custodio Faria et Edmond Dantès n'y ont vraisemblablement jamais « séjourné ».

Compréhension écrite

1 Lisez attentivement le dossier, puis dites s'il s'agit du château de Monte-Cristo (MC) ou du château d'If (IF).

	MC	IF
1 Il a été construit en 1844.	☐	☐
2 Il est situé sur une île proche de Marseille.	☐	☐
3 Il devient prison d'État en 1634.	☐	☐
4 C'est Alexandre Dumas qui l'a fait construire.	☐	☐
5 Il se trouve près de Paris.	☐	☐
6 C'est une espèce de forteresse.	☐	☐
7 C'est un château Renaissance.	☐	☐
8 Il doit sa notoriété au *comte de Monte-Cristo*.	☐	☐

CHAPITRE 8

Le trésor de Monte-Cristo

L'abbé pose plusieurs questions à Dantès sur les événements de sa vie que, par ignorance ou par naïveté, ce dernier n'a pas compris. Il explique à Dantès que ce sont la jalousie et l'ambition qui ont poussé Danglars à écrire cette lettre. Il est évident que Fernand aimait Mercédès et que, lui aussi, avait intérêt à le voir disparaître. Il demande ensuite à Edmond comment s'est déroulé son interrogatoire. Faria en conclut que Villefort est certainement un homme très ambitieux. En brûlant la lettre, il détruisait une preuve contre son père, Noirtier de Villefort, et non pas contre Edmond. Si quelqu'un avait lu cette lettre, c'était l'avenir de Villefort qui était brisé... pas celui d'Edmond. Cette dernière nouvelle fait perdre à Dantès toutes ses illusions. L'abbé laisse à son jeune ami le temps de reprendre ses esprits avant d'ajouter :

— J'aurais mieux fait de ne pas vous éclairer sur votre vie.

— Pourquoi ? lui demande Edmond, surpris.

— Parce qu'un nouveau sentiment va maintenant guider vos pas : la vengeance !

Dantès, conscient des conséquences désastreuses que son ignorance a eues sur sa vie, demande à l'abbé de faire son instruction.

— Si vous le désirez, avec joie... Mais attention ! Apprendre n'est pas savoir, c'est la philosophie qui nous fait devenir savants...

Dantès apprend très vite et, au bout d'un an, c'est déjà un autre homme. Il a même réussi à assimiler les manières aristocratiques de l'abbé. Un soir, au moment de se coucher, Edmond entend l'abbé Faria qui appelle au secours. Il se précipite et le voit debout, cramponné[1] à son lit, le visage très pâle.

— Je ne voulais pas vous inquiéter, mais je suis atteint d'une maladie dont mon père et mon grand-père sont morts. C'est ma troisième et dernière crise de catalepsie[2], et j'en mourrai comme mes aïeux. Écoutez-moi bien, Edmond, j'ai des révélations importantes à vous faire...

Edmond, inquiet, regarde son ami :

— Que dites-vous, Faria ? Vous survivrez comme à la deuxième ! Dites-moi ce que je peux faire pour vous aider !

— Edmond, cette fois, il n'y a plus rien à faire. Mais je vous en prie, ne perdons pas de temps, il serait absurde de ne pas profiter de ce trésor. Tout le monde croit que c'est une invention, que je suis fou... Tant pis pour eux !

Bouleversé, Edmond ne veut pas croire que cet ami qui lui est si cher est sur le point de mourir.

— Vous savez que je ne suis pas fou, Edmond. Alors, écoutez-moi attentivement, poursuit l'abbé en tendant au jeune homme

---

1. **Cramponné** : accroché.
2. **La catalepsie** : paralysie.

une feuille de papier qu'il avait soigneusement cachée derrière l'une des pierres du mur.

> *Aujourd'hui, 25 avril 1498, je déclare avoir enfoui dans les grottes de la petite île de Monte-Cristo tous mes lingots d'or, mes pierreries, mes diamants et mes bijoux. Le trésor est caché sous le vingtième rocher à partir de la petite crique [1] de l'Est. Deux ouvertures ont été pratiquées dans ces grottes : le trésor est dans l'angle le plus éloigné de la deuxième.*
> *César Spada*

Lorsqu'Edmond a fini de lire, Faria lui explique comment il a découvert cette feuille de papier, comment il l'a déchiffrée, où se trouve le trésor, son histoire et surtout, comment faire pour le trouver.

— Edmond, ce trésor vous appartient, maintenant ! Vous êtes comme mon fils. Vous m'avez consolé de ma solitude et de la prison.

Le jeune homme se jette dans les bras du vieillard qui le serre contre lui. C'est malheureusement son dernier geste car il tombe presque aussitôt inanimé. Dantès pleure sur le corps sans vie du vieil abbé pendant toute la nuit. Lorsque le jour se lève, Edmond prend le vieillard dans ses bras, le porte sur le lit, puis retourne dans son cachot. Toute la journée, il entend les nombreuses allées et venues des gardiens, les bruits des préparatifs qu'entraîne la mort d'un prisonnier. Le soir, lorsque tout est redevenu silencieux, il va rejoindre son ami dont le linceul [2] n'est qu'un sac de toile grossière. Le désespoir gagne encore une fois Edmond.

---

1. **Une crique** : petit golfe.
2. **Un linceul** : drap qui sert à envelopper un cadavre.

Compréhension écrite et orale

DELF **1** Écoutez attentivement l'enregistrement du chapitre, puis cochez la bonne réponse.

1 Edmond n'a pas compris les événements de sa vie

   a ☐ parce qu'il est jaloux et ambitieux.

   b ☐ parce qu'il est trop généreux.

   c ☐ par ignorance ou par naïveté.

2 C'est la jalousie et l'ambition qui ont poussé

   a ☐ Danglars, Fernand et Villefort à briser la vie d'Edmond.

   b ☐ Noirtier de Villefort à briser la vie d'Edmond.

   c ☐ Fernand et Mercédès à briser la vie d'Edmond.

3 D'après l'abbé Faria, Edmond va vouloir à présent

   a ☐ se venger.

   b ☐ s'échapper.

   c ☐ mourir.

4 Edmond demande à l'abbé Faria de faire son instruction car

   a ☐ l'abbé pense qu'il en a besoin.

   b ☐ il veut savoir tout ce que sait l'abbé.

   c ☐ il est conscient de son ignorance.

5 Un soir, l'abbé appelle au secours parce qu'il

   a ☐ se sent seul.

   b ☐ a une crise de catalepsie.

   c ☐ est attaqué par des rats.

6 La maladie dont souffre l'abbé Faria est

   a ☐ bénigne.

   b ☐ virale.

   c ☐ héréditaire.

7 Sur le point de mourir, Faria

   a ☐ révèle à Edmond où se trouve le trésor.

   b ☐ avoue qu'il est fou.

   c ☐ indique à Edmond comment s'échapper.

8 L'abbé déclare à Edmond

a ☐ que ce trésor est désormais perdu pour tout le monde.

b ☐ qu'il est comme son fils et que ce trésor lui appartient.

c ☐ que rien ne l'a consolé de la solitude et de la prison.

9 Edmond est de nouveau gagné par le désespoir car

a ☐ il ne pourra jamais sortir pour trouver le trésor.

b ☐ le vieil abbé est mort.

c ☐ il entend des bruits toute la nuit.

10 Edmond veille le corps sans vie de son ami

a ☐ jusqu'au petit matin.

b ☐ jusqu'au soir.

c ☐ pendant toute la journée.

2 Lisez le texte, puis répondez aux questions.

1 Pourquoi Villefort a-t-il brûlé la lettre ?

2 Pourquoi l'abbé pense qu'il ne devait pas éclairer Edmond sur sa vie ?

3 Que demande Edmond à l'abbé ?

4 Que veut faire l'abbé avant de mourir ?

5 Quels sont les sentiments de Faria envers Edmond ?

6 Pourquoi Dantès pleure-t-il ?

3 Comme beaucoup de personnes à son époque, Edmond Dantès n'est pas allé à l'école. Écoutez attentivement l'interview sur l'histoire de l'école, dites si les affirmations suivantes sont vraies (V) ou fausses (F), puis corrigez celles qui sont fausses.

		V	F
1	Confucius est le premier penseur à enseigner le savoir.	☐	☐
	....		
2	Chez les Gaulois, les druides apprennent aux enfants à lire et à écrire.	☐	☐
	....		

3 Chez les Romains, on enseigne la lecture et l'écriture
aux enfants à partir de neuf ans.

....

4 Le maître tape sur les doigts des mauvais élèves avec
une baguette.

....

5 Au Moyen Âge, les religieux ne s'occupent plus
de l'enseignement.

....

6 À l'époque de Charlemagne, les livres n'existent pas.

....

7 À partir de la Révolution française, de nouvelles écoles
sont créées.

....

8 C'est Jules Ferry, en 1881, qui effectue un grand
changement.

....

9 Cette année-là, l'école devient laïque, obligatoire
et gratuite.

....

10 À la fin du XIXᵉ siècle, le jour de repos en semaine est
le mercredi.

....

11 En 1959, l'école devient obligatoire jusqu'à l'âge
de seize ans.

....

12 En 1972, le repos du mercredi est remplacé par le repos
du jeudi.

....

Production écrite et orale

DELF **1** Avez-vous déjà eu envie de vous venger ? Racontez.

CHAPITRE 9

La fuite

« Je suis de nouveau seul et je ne sortirai de ce cachot que lorsque je serai mort, enveloppé dans cet horrible linceul, comme Faria » pense Dantès.

Une idée lui traverse alors l'esprit...

« Pourquoi n'y ai-je pas pensé plus tôt ?! Puisqu'il n'y a que les morts qui peuvent sortir d'ici, il suffit que je prenne la place de Faria et je serai de nouveau libre ! »

Edmond transporte le cadavre dans son propre cachot et le met dans son lit. Il embrasse une dernière fois son ami, retourne dans le cachot de l'abbé et se glisse dans le sac de toile. Le lendemain, on vient chercher le corps pour le porter au cimetière, du moins, c'est ce que croit Edmond. Mais à la prison d'If, le seul cimetière, c'est... la mer ! Dantès s'en rend compte lorsqu'il se sent jeté dans le vide. Quelques secondes plus tard, il se retrouve dans l'eau, mais il réussit à sortir de son sac et à remonter à la surface, sain et sauf, et surtout... libre !

Il commence à nager en espérant que les gardiens ne le verront pas. Edmond Dantès est un excellent nageur : s'il arrive sur l'île la plus proche, il scra sauvé. Il nage pendant plus d'une heure : il est épuisé, il a faim et soif, il sent ses forces l'abandonner, mais la chance lui sourit enfin car il aperçoit un bateau. Il appelle au secours et dans un dernier effort, il tente de l'atteindre. Mais une vague l'emporte, l'eau salée le suffoque... « C'est la fin » pense-t-il. Tout à coup, il se sent arraché de l'eau et quelques secondes plus tard, il se retrouve allongé sur le pont du bateau où il s'évanouit. Deux marins, à la force de leurs bras, l'ont tiré hors de l'eau. Lorsqu'il reprend connaissance, il fait croire à ses nouveaux compagnons qu'il est le naufragé d'un bateau qui s'est échoué [1] la veille contre les rochers. Le capitaine de la *Jeune-Amélie* croit à l'histoire d'Edmond et l'engage comme marin.

Maintenant qu'il est libre, Edmond ne pense qu'à se <u>venger</u>. C'est pour cette raison qu'il s'est seulement engagé pour trois mois. Il pense à tout le mal qu'il pourra faire à ses ennemis, lorsqu'il possèdera le fameux trésor enterré dans l'île de Monte-Cristo. Mais comment faire pour atteindre cette île ? La chance lui sourit alors une seconde fois. En effet, le capitaine de la *Jeune-Amélie*, un célèbre contrebandier, décide de faire étape sur l'île de Monte-Cristo avant d'aller échanger des marchandises sur une autre île. C'est une opportunité à ne pas manquer ! Lorsqu'ils abordent dans l'île, Edmond, sous prétexte de partir chasser, commence à explorer les lieux. Il suit avec précision les indications que lui avait données Faria et arrive à l'endroit exact où devrait se trouver le trésor. Il creuse d'abord avec sa pioche, puis fait sauter le rocher avec de la poudre de salpêtre [2] : il

[handwritten margin notes: he struggles to swim to land and is saved by sailors who convinces them that he was in a shipwreck. / only thinks about revenge]

1. **S'échouer** : pour un bateau, toucher le fond et s'immobiliser.
2. **Le salpêtre** : ici, poudre explosive.

découvre alors un escalier qui descend dans une grotte très sombre.

« Je suis peut-être fou d'avoir cru à l'existence de ce trésor... » pense-t-il. « Faria s'est peut-être trompé ? Non, c'est impossible ! Mais quelqu'un est peut-être déjà venu le récupérer ? »

Il reste un instant immobile devant cette ouverture, puis il se décide à descendre. Il arrive dans une première grotte : il doit découvrir un passage qui devrait l'amener dans une seconde grotte où se trouve le trésor. Il creuse « dans l'angle le plus éloigné de la seconde ouverture », jusqu'au moment où sa pioche rencontre une certaine résistance. À l'aide de ses mains, Edmond dégage la terre qui recouvre le couvercle d'un coffre en bois. Plus de doute, le trésor est bien là !

C'est avec une émotion intense qu'Edmond soulève le couvercle du coffre : il est ébloui [1]! Le coffre est rempli d'or et de pierres précieuses.

Dantès repart avec ses compagnons jusqu'à Livourne où il vend quelques diamants. Il quitte la *Jeune-Amélie* et ses compagnons car son engagement est terminé. Avant de partir, il offre un bateau et un équipage à son ami Jacopo à qui il demande d'aller à Marseille pour s'informer sur Mercédès et sur son père. Il apprend ainsi que son père est mort et que Mercédès a disparu.

Edmond retourne à Marseille, mais il prend plusieurs identités pour ne pas se faire reconnaître : il devient Lord Wilmore ou bien encore l'abbé Busoni. C'est ainsi déguisé qu'il va chez Caderousse pour entendre son histoire. Tout ce que lui raconte Caderousse correspond exactement à ce qu'avait imaginé Faria. Il apprend ainsi que son père est mort et que c'est effectivement par

---

1. **Ébloui** : ici, émerveillé.

jalousie que Fernand et Danglars ont dénoncé Edmond comme agent bonapartiste. En revanche, monsieur Morrel a essayé plusieurs fois d'intervenir en faveur d'Edmond, au péril de sa vie.

— Aujourd'hui, monsieur Morrel vit dans la misère, lui annonce Caderousse sur un ton plein de tristesse. C'est un homme ruiné... Que vont devenir son fils et sa fille ? Personne ne veut épouser une fille ruinée. Vous voyez, lui comme moi, nous avons été bons et vertueux et nous nous retrouvons dans la misère, tandis que Fernand et Danglars ont fait fortune. Et pourtant, ce sont eux les coupables !

L'ancien comptable du *Pharaon* est en effet devenu le baron Danglars, et Fernand, le comte de Morcerf. Dantès apprend également que Mercédès, malgré toutes ses réticences, a fini par accepter d'épouser Fernand dont elle a eu un fils nommé Albert.

Dantès se fait aussi passer pour un employé de la maison *Thomson et French* pour en savoir davantage sur monsieur de Villefort. En feuilletant les registres de la prison, il comprend que l'abbé Faria avait encore une fois raison. Il trouve aussi la dénonciation écrite par Danglars qu'il cache discrètement dans sa poche. C'est pour sauver sa carrière que Villefort l'a fait accuser. Enfin, c'est sous le déguisement de Simbad le Marin qu'il sauve de la ruine et de la misère la famille Morrel. Il supprime toutes les dettes de la maison qui s'étaient accumulées par malchance et non par malhonnêteté, et il offre un diamant à Julie, la fille de monsieur Morrel, pour qu'elle se marie.

Compréhension écrite et orale

DELF **1** Écoutez attentivement l'enregistrement du chapitre, puis remettez les phrases dans l'ordre chronologique de l'histoire.

a ☐ À la prison d'If, on n'enterre pas les morts dans un cimetière, mais on les jette à la mer.

b ☐ Edmond suit les indications de Faria et trouve le trésor.

c ☐ Morrel et Caderousse vivent dans la misère alors que Danglars et Fernand ont fait fortune.

d ☐ Edmond se retrouve ainsi dans les profondeurs de la mer.

e ☐ Edmond apprend que son père est mort.

f ☐ Edmond est sauvé par des marins.

g ☐ Le capitaine croit à l'histoire inventée par Edmond et il l'engage.

h ☐ Edmond prend plusieurs identités pour connaître la vérité sur son histoire.

i ☐ Edmond a une idée : il sortira du cachot comme Faria.

j ☐ Edmond se déguise en Simbad le Marin pour sauver la famille Morrel de la ruine.

k ☐ Edmond ne pense qu'à se venger et à récupérer le trésor.

2 Lisez attentivement le chapitre, puis répondez aux questions.

1 Quelle idée vient à l'esprit d'Edmond ?

2 Où se trouve le cimetière du château d'If ?

3 Pendant combien de temps Edmond a-t-il nagé ?

4 Comment Dantès est-il sauvé de la noyade ?

5 Pourquoi ne s'engage-t-il que pour trois mois ?

6 Quel prétexte utilise-t-il pour aller explorer les lieux ?

7 Qu'est-ce qu'il y a dans le coffre en bois ?

8 Qu'est-ce qu'Edmond demande à Jacopo ?

9 Pourquoi se déguise-t-il quand il va trouver Caderousse ?

10 Que fait-il pour la famille Morrel ?

3 Quels éléments importants apprend-on sur les personnages ?

Edmond Dantès	
Mercédès	
Fernand	
Danglars	
Monsieur Morrel	
Caderousse	

Enrichissez votre **vocabulaire**

1 Retrouvez les verbes à partir des substantifs.

1 La nage   ....

2 La pensée   ....

3 La mort   ....

4 La réussite   ....

5 La vengeance   ....

6 L'espoir   ....

2 Associez chaque complément à son verbe pour former une expression, puis retrouvez la signification de cette expression.

1 ☐ Appeler   a connaissance.

2 ☐ Remonter à   b compte.

3 ☐ Se rendre   c la surface.

4 ☐ Reprendre   d au secours.

Sortir la tête de l'eau : ....

Demander de l'aide : ....

Prendre conscience de quelque chose : ....

Retrouver ses esprits : ....

3 Associez chaque mot à l'image correspondante.

a   un cimetière   d   une vague   g   un rocher

b   une pioche   e   de la poudre   h   un coffre

c   un couvercle   f   un déguisement   i   un nageur

Production écrite et orale

1 Faites le portrait de monsieur Morrel et celui d'Edmond à l'aide des mots proposés.

ruiné   bon   vertueux   coupable   jaloux

libre   riche   chanceux   fou

PROJET **INTERNET**

Le château d'If

Rendez-vous sur le site www.blackcat-cideb.com .

Cliquez ensuite sur l'onglet *Students*, puis sur la catégorie *Lire et s'entraîner*. Choisissez enfin votre niveau et le titre du livre pour accéder aux liens du projet Internet.

A Sur la page d'accueil, lisez la présentation du château d'If, puis répondez aux questions.

▶ Quelles ont été les deux « fonctions » du château d'If ?

▶ Que s'est-il passé en 1515 sur l'île d'If ?

▶ En quelle année le château a-t-il été construit ?

▶ Qui était Vauban ?

▶ Au XVIIe siècle, qui était enfermé au château d'If ?

B Vous avez décidé d'aller visiter le château d'If avec votre classe. Vous devez organisez le voyage. Pour cela, cliquez sur la rubrique « Les visites et les tarifs » et sur « Les informations pratiques », puis répondez aux questions.

▶ Vous envoyez une lettre au château d'If pour prévenir de votre arrivée. À quelle adresse écrivez-vous ?

▶ Vous devez décider de la date de visite. Le château est-il ouvert toute l'année ?

▶ Vous décidez de partir au mois d'avril. Quelles sont les horaires de visite ?

▶ Dans votre classe, vous êtes 25 élèves. Vous êtes âgés de 18 à 20 ans et vous êtes accompagnés de trois adultes. Combien allez-vous payer la visite au total ?

▶ Vous choisissez une visite commentée en français. Combien de temps dure-t-elle ? Que ne devez-vous pas oublier de faire ?

▶ Vous êtes à Marseille. Pour vous rendre sur l'île, vous devez prendre le bateau. Où le prenez-vous ? Vous prenez le premier bateau qui part de Marseille. À quelle heure arrivez-vous à If ? Combien de temps dure le trajet de retour ? À quelle heure part le dernier bateau ?

La vengeance

Personnages

De haut en bas et de gauche à droite : **Ali, Franz d'Épinay, Andrea Cavalcanti, monsieur Morrel, Maximilien Morrel, Bertuccio, le comte de Monte-Cristo, Haydée, Édouard de Villefort.**

De haut en bas et de gauche à droite : **Barrois, madame de Villefort,**
monsieur de Villefort, madame Danglars, Danglars, Valentine de Villefort,
Albert de Morcerf, madame de Morcerf, le comte de Morcerf, monsieur Noirtier.

CHAPITRE 1

La rencontre avec les Morcerf

Le 22 mai 1838, à 10 heures, le vicomte Albert de Morcerf attend chez lui,  à Paris, le comte de Monte-Cristo. Il raconte à ses amis leur rencontre.

— En février, alors que nous sommes en Italie, Franz part chasser sur l'île de Monte-Cristo. Il est reçu dans un somptueux palais chez un seigneur qui se fait appeler Simbad le Marin. Ce dernier lui apprend qu'il a un jour sauvé la vie à un grand bandit, Vampa, qui lui en est très reconnaissant. Quelques jours plus tard, Franz me rejoint à Rome pour assister au carnaval. Un soir, nous sommes invités chez le comte de Monte-Cristo. Franz le reconnaît : Simbad et le comte sont en réalité la même personne. Le lendemain, je me fais enlever par Vampa qui demande une rançon [1] à Franz. Mon ami se rend alors chez Monte-Cristo pour lui demander de l'aider. Figurez-vous que le comte m'a sauvé des griffes de ce dangereux bandit sans payer de rançon ! Pour remercier mon sauveur, je l'ai donc invité chez moi.

Les amis d'Albert écoutent cet incroyable récit sans vraiment croire à l'existence de ce personnage. Pourtant, à 10 heures 30 précises, le comte de Monte-Cristo arrive. Il semble plus digne

1. **Une rançon :** argent demandé en échange de la liberté d'une personne enlevée.

qu'un roi et plus élégant qu'un prince même s'il est habillé très simplement. Albert de Morcerf présente alors à tous ses amis le comte, qui apparaît aux yeux des invités comme un grand seigneur, tout en leur laissant une étrange impression. D'ailleurs, quelle autre impression peut laisser un homme qui raconte comment il a pu, grâce à deux émeraudes [1], racheter la liberté d'une femme et la vie d'un homme ?

Pendant le déjeuner, le comte annonce qu'il a trouvé, grâce à Ali, son serviteur, un logement avenue des Champs-Élysées. Il ajoute qu'il a une loge [2] réservée dans chaque théâtre grâce à Bertuccio, son intendant corse. La facilité avec laquelle cet homme s'est adapté à la vie parisienne étonne tous les invités.

— Vous êtes également très bien accompagné, poursuit Albert. Je veux bien évidemment parler de cette belle femme grecque que j'ai vue avec vous.

— C'est vrai. Cette jeune femme est une esclave que j'ai achetée à Constantinople, dit Monte-Cristo. Elle s'appelle Haydée.

— Vous savez, ajoute monsieur Debray, l'un des invités, qu'en mettant les pieds en France, votre esclave devient automatiquement libre ?

— Elle est tout à fait libre de me quitter, elle, comme toutes les personnes qui m'entourent, ajoute le comte.

À la fin du déjeuner, les invités saluent le vicomte et s'en vont. Monte-Cristo reste seul avec Albert qui veut le présenter à ses parents.

Serrer la main du père d'Albert, qui n'est autre que Fernand, est une chose extrêmement difficile pour Monte-Cristo. Malgré cela, il félicite monsieur de Morcerf pour son courage et sa

1. **Une émeraude** : pierre précieuse verte.
2. **Une loge** : au théâtre, compartiment avec plusieurs sièges.

réussite militaire. Ce dernier le remercie quant à lui d'avoir sauvé la vie de son fils. Devenue comtesse de Morcerf, Mercédès arrive quelques minutes plus tard. À la vue de Monte-Cristo, elle devient soudain très pâle.

— Vous ne vous sentez pas bien, ma mère ?

— Si... si... Mais... voir votre sauveur me trouble un peu. Monsieur, dit-elle en s'approchant de Monte-Cristo, grâce à vous, mon fils est vivant ! Je vous en remercie du fond du cœur.

Monte-Cristo est maintenant plus pâle que la comtesse. Monsieur de Morcerf, lui, ne remarque rien. Prétextant des problèmes à propos de son séjour à Paris, Monte-Cristo quitte précipitamment les Morcerf. Restée seule avec son fils, la comtesse l'interroge sur l'histoire de cet étrange personnage.

— Quel âge a-t-il selon vous ? demande-t-elle.

— Je pense qu'il a trente-cinq ou trente-six ans, répond Albert.

« Ce ne peut pas être Edmond alors, il ne peut pas être si jeune... » pense-t-elle.

— Et cet homme est votre ami ?

— Oui... je crois. Franz m'a dit de faire attention à lui. À son avis, Monte-Cristo a l'air d'un fantôme.

Les yeux de la comtesse se remplissent de terreur, mais Albert ne s'en aperçoit pas. Il lui fait remarquer que son père semble avoir apprécié le comte dès le premier coup d'œil. La comtesse ne répond pas, elle semble réfléchir.

« Pour produire un tel effet sur ma mère, cet homme doit être vraiment remarquable » se dit Albert.

Compréhension écrite et orale

DELF **1** Écoutez attentivement l'enregistrement du chapitre, puis cochez la bonne réponse.

1 Sur l'île de Monte-Cristo, Franz est reçu par un
   a ☑ seigneur.
   b ☐ marin.
   c ☐ bandit.

2 Albert de Morcerf a rencontré le comte de Monte-Cristo à
   a ☑ Rome.
   b ☐ Florence.
   c ☐ Venise.

3 Simbad le Marin et le comte de Monte-Cristo sont
   a ☐ amis.
   b ☐ ennemis.
   c ☑ une seule et même personne.

4 Albert de Morcerf a invité Monte-Cristo pour le remercier
   a ☐ d'avoir payé sa rançon.
   b ☑ de l'avoir sauvé.
   c ☐ de l'avoir invité au carnaval.

5 Les amis d'Albert de Morcerf trouvent Monte-Cristo
   a ☐ plutôt étrange.
   b ☐ très bien habillé.
   c ☐ peu sympathique.

6 Le comte s'est très bien adapté à la vie parisienne : il
   a ☐ a déjà trouvé un logement et une loge dans chaque théâtre.
   b ☐ va au théâtre et sur les Champs-Élysées tous les soirs.
   c ☐ a déjà trouvé un serviteur et un intendant.

7 Monte-Cristo est toujours accompagné d'une

   a ☐ jeune femme née à Athènes.

   b ☐ belle esclave grecque.

   c ☐ femme qui voudrait le quitter.

8 À la fin du déjeuner,

   a ☐ Monte-Cristo saluent les invités et s'en va.

   b ☐ Albert veut présenter Monte-Cristo à ses parents.

   c ☐ Monte-Cristo reste seul avec les invités.

9 Le père et la mère d'Albert sont en fait

   a ☐ des personnes très sympathiques.

   b ☐ Caderousse et Mercédès.

   c ☐ Fernand et Mercédès.

10 Lorsqu'Albert présente le comte à ses parents,

   a ☐ Fernand le reconnaît.

   b ☐ Mercédès l'apprécie beaucoup.

   c ☐ Mercédès le reconnaît.

2 **Lisez attentivement le chapitre, puis complétez le texte.**

En attendant l'arrivée du comte, Albert raconte à ses amis sa **(1)** .... avec Monte-Cristo. Franz est reçu dans un somptueux palais chez un certain **(2)** .... qui est en fait Monte-Cristo. Les amis d'Albert doutent de l'existence de ce personnage quand, soudain, on annonce son arrivée. Le comte de Monte-Cristo apparaît plus **(3)** .... qu'un roi et plus **(4)** .... qu'un prince : un véritable **(5)** .... même s'il semble un peu **(6)** .... D'ailleurs, Franz d'Épinay a conseillé à Albert de faire attention au comte de Monte-Cristo : il donne l'impression de venir d'un autre monde comme un **(7)** .... Albert pense que sa mère le voit comme un homme vraiment **(8)** ....

Enrichissez votre **vocabulaire**

Les homophones sont des mots qui se prononcent de la même façon, mais qui ont une orthographe et un sens différents.

Il raconte à ses amis sa rencontre avec ce héros sorti d'un **conte** (histoire) *des Mille et une nuits.*

Ce soir, nous sommes invités chez le **comte** (titre de noblesse) *de Monte-Cristo.*

1 **Complétez les phrases avec l'homophone qui convient.**

1 tant, temps
   C'est le plus grand bandit de tous les ...., il aime ....
   voler les gens !

2 dans, dents
   Il a une loge réservée .... chaque théâtre.
   Le comte vous prie de l'excuser, il a mal aux ....

3 cette, sept
   .... femme est une jeune esclave qu'il a achetée pour
   .... écus.

4 mers, mère
   La .... d'Haydée a été vendue avec sa fille.
   Le comte en aura traversé des .... dans sa vie !

5 met, mais
   La comtesse est terrorisée, ... il ne s'en aperçoit pas.
   Il .... son chapeau et s'en va.

6 fin, faim
   Ils avaient tellement .... qu'ils se jetèrent sur le repas.
   La .... ne justifie pas les moyens.

Production écrite et orale

DELF **1** **Vous allez vous installer avec vos parents dans une autre ville. Que faites-vous pour vous adapter à votre nouvelle vie ?**

Edmond Dantès (Robert Donat) et l'abbé Faria (O.P. Heggie) dans le film
The Count of Monte-Cristo de Rowland V. Lee.

Dumas,
entre petit et grand écran

Un auteur très adapté

Dumas a toujours été un écrivain très apprécié des scénaristes et des réalisateurs. En effet, son écriture se marie particulièrement bien avec la mise en scène cinématographique. Les nombreux rebondissements, les descriptions et la maîtrise du suspense sont les ingrédients qui font le succès de chaque adaptation de ses romans au cinéma.

Des débuts du cinéma à nos jours, on compte plus de trois cents adaptations des œuvres de Dumas, aussi bien au cinéma qu'à la télévision. Les réalisateurs n'hésitent pas à prendre de nombreuses libertés par rapport aux œuvres de l'écrivain. Mais cela n'aurait sûrement pas gêné ce dernier qui acceptait les modifications si le résultat était bon. D'ailleurs, lorsqu'il devait adapter l'une de ses œuvres au théâtre, Dumas était le premier à changer l'histoire !

Et Monte-Cristo ?

Edmond Dantès, héros ténébreux et vengeur, a inspiré de nombreux réalisateurs dont Henri Pouctal, qui réalise la première adaptation française en 1917. Régulièrement, des cinéastes du monde entier proposent des versions plus ou moins traditionnelles du roman de Dumas. En 2006, par exemple, Francesco Marchetti transforme le roman en music-hall, *Il Conte di Montecristo « The Musical »*. Quelques années auparavant, Mahiro Maeda réalise une série d'animation de vingt-quatre épisodes (*Gankutsuou*).

La télévision aussi a porté cette histoire à l'écran : en 1998, Josée Dayan donne à Mercédès les traits d'Ornella Muti, et à Edmond Dantès ceux de Gérard Depardieu.

Du cinéma muet jusqu'à nos jours, Dumas, et *Le comte de Monte-Cristo* en particulier, reste donc une véritable source d'inspiration pour le septième art.

Compréhension écrite

DELF **1** Lisez attentivement le dossier, puis dites si les affirmations suivantes sont vraies (V) ou fausses (F).

		V	F
1	Il y a peu d'adaptations cinématographiques des œuvres de Dumas.	☐	☐
2	L'adaptation des romans de Dumas au cinéma n'est pas facile.	☐	☐
3	Il existe plus de trois cents adaptations du *Comte de Monte-Cristo*.	☐	☐
4	Dumas interdisait de transformer ses histoires.	☐	☐
5	*Le comte de Monte-Cristo* a seulement été adapté au cinéma.	☐	☐
6	Gérard Depardieu a joué le rôle de Monte-Cristo.	☐	☐

CHAPITRE 2

La maison d'Auteuil

www.blackcat-cideb.com

Le comte de Monte-Cristo habite à Paris, dans un appartement sur les Champs-Élysées. Cependant, il désire acheter une maison de campagne près de la capitale, à Auteuil.

— À Auteuil ? demande nerveusement Bertuccio, son intendant.

Monte-Cristo n'a pas remarqué la réaction de son serviteur, mais lorsqu'ils arrivent sur les lieux, le comportement de Bertuccio devient de plus en plus étrange. Il refuse tout d'abord d'entrer dans la maison.

— Il y a des dizaines de maisons à vendre à Auteuil, et vous, vous avez choisi celle du 28, rue de la Fontaine... la maison du crime !

— Mais que dites-vous, Bertuccio ? Entrez avec moi, s'il vous plaît.

L'intendant obéit finalement au comte avec une certaine hésitation. Les deux hommes traversent plusieurs pièces, puis ils arrivent dans le jardin. Bertuccio s'écrie alors :

— Non ! N'allez pas plus loin ! Vous vous trouvez à l'endroit exact où il a été tué !

Bertuccio's brother was killed and he goes to Villefort to find the assassins to avenge his brother to kill Villefort won't help him so he wants to kill Villefort.

— Mais enfin, expliquez-vous ! dit le comte sur un ton autoritaire.

— C'est dans cette maison qu'habitait le marquis de Saint-Méran. Sa seule et unique fille s'était mariée avec monsieur de Villefort.

— Je connais les Corses, Bertuccio ! Il s'agit d'une histoire de vendetta, n'est-ce pas ?

— Oui... j'avoue, répond Bertuccio. Et c'est ici qu'elle s'est accomplie.

— Mais pourquoi vous êtes-vous vengé du marquis de Saint-Méran ? demande le comte.

— Je ne voulais pas me venger de lui, mais de l'infâme mari de sa fille, monsieur de Villefort.

— Racontez-moi toute l'histoire depuis le début, Bertuccio.

— C'était en 1815. Après la défaite de Napoléon, les royalistes ont fait assassiner les soldats qui avaient servi l'Empereur. Mon grand frère en faisait partie... Je suis allé voir le procureur Villefort et je lui ai demandé de retrouver les assassins de mon frère. C'est son rôle après tout ! Et vous savez ce qu'il m'a dit ? Il m'a dit que c'était mon frère qui était un traître [1], puisqu'il avait servi Napoléon, que c'était lui le véritable assassin ! « Monsieur », lui ai-je dit alors, « je vous déclare la vendetta ! Et vous savez ce que cela veut dire pour un Corse ? Cela signifie, monsieur, que je vous tuerai ! ». Sur ces mots, je me suis enfui. À partir de ce jour-là, je n'ai pas arrêté de le suivre. Il devait sentir ma présence, car partout où il allait, j'étais là, à quelques pas de lui. Je me suis rendu compte qu'il venait souvent à Auteuil, dans cette maison, pour rencontrer une femme.

---

1. **Un traître** : ici, personne qui est infidèle à une cause.

— Connaissez-vous le nom de cette femme ?

— Non, mais je suis sûr que le beau-père de monsieur de Villefort, le marquis de Saint-Méran, louait cette maison à une jeune veuve de dix-neuf ans. J'avais décidé d'accomplir ma vengeance dans cette maison, mais je voulais attendre le bon moment. En observant la jeune femme que venait voir monsieur de Villefort, j'ai découvert qu'elle était enceinte [1]. Un soir, pendant que j'attendais Villefort dans le jardin, prêt à lui sauter dessus pour le tuer, je l'ai vu arriver avec une bêche [2] dans une main et un petit coffre dans l'autre. Ensuite, il s'est penché pour creuser un trou et, à ce moment-là, je me suis jeté sur lui avec mon poignard en criant : « Je suis Bertuccio, je viens accomplir ma vendetta ! ». Je l'ai frappé et il est tombé à terre. J'ai alors pensé que le coffre contenait un trésor. Je l'ai donc pris, persuadé qu'il pourrait servir à la femme de mon frère.

— Ah ! Vous êtes donc devenu à la fois criminel et voleur. Félicitations, Bertuccio ! Vous êtes un bel intendant ! déclare le comte sur un ton ironique.

— Attendez, écoutez la suite. Dans le coffre, il n'y avait pas d'argent... il y avait... un nouveau-né !

— L'enfant de monsieur de Villefort et de cette jeune veuve, conclut pensif le comte de Monte-Cristo.

— J'ai donc décidé de garder l'enfant en pensant que la femme de mon frère serait heureuse de s'en occuper. Quelle erreur ! Elle a élevé Benedetto comme son fils, mais plus elle était bonne avec lui, plus il devenait méchant. Quelques années plus tard, il lui a volé tout son argent et elle en est morte, la pauvre femme ! Voilà

---

1. **Enceinte** : qui attend un enfant.
2. **Une bêche** : outil qui sert à retourner la terre.

pourquoi je souffre depuis que nous sommes entrés dans cette maison.

— Ne vous inquiétez pas, Bertuccio. Peut-être qu'un jour, vous serez vengé vous aussi…

Le lendemain, le comte se rend chez Danglars, devenu baron et banquier, pour obtenir un crédit illimité. Les références de Monte-Cristo sont excellentes et Danglars est donc obligé d'accepter sa demande.

— Vous n'êtes pas un client comme les autres, dit-il. Je suis à votre entière disposition, monsieur le comte.

Dans son enthousiasme, le baron insiste pour lui présenter sa femme. Celle-ci est très impressionnée par la richesse et la réputation du comte.

Quelques jours plus tard, madame de Villefort fait, par hasard, la connaissance du comte de Monte-Cristo. Alors qu'elle se promène avec son fils à Auteuil, les chevaux de sa voiture s'emballent[1] près de la maison du comte. La calèche se dirige droit contre un arbre, mais le comte, qui assiste à la scène, ordonne à son serviteur d'intervenir. Ali, rapide comme l'éclair, réussit à arrêter les chevaux, et sauve la vie de madame de Villefort et celle de son fils. Grâce à une liqueur étrange, Monte-Cristo ranime l'enfant qui s'était évanoui de peur. Madame de Villefort est extrêmement reconnaissante envers Monte-Cristo.

— Monsieur le comte, je vous remercie d'avoir sauvé la vie de mon Édouard chéri…

— C'est surtout mon serviteur qu'il faut remercier, répond le comte en désignant Ali d'un geste de la main.

— Édouard, remercie ce bon serviteur…

1. **S'emballer** : en parlant d'un cheval, échapper au contrôle du cavalier.

— Il est trop laid, dit l'enfant.

— Pauvre Édouard, ce doit être le choc de l'accident. Excusez-le. Mais dites-moi... Vous préparez vous-même tous ces remèdes, monsieur le comte ? demande madame de Villefort, intéressée.

— Oui, car j'ai étudié la chimie. Et grâce à l'exemple du roi Mithridate [1], j'ai évité la mort par empoisonnement plusieurs fois. Il s'agit d'habituer progressivement son corps à un poison : il faut pour cela en prendre une petite dose chaque jour.

— Je comprends... Par exemple, si je prends une dose de brucine [2] le premier jour, puis deux le second, et ainsi de suite, j'arrive à supporter une dose qui serait mortelle pour n'importe qui. C'est bien cela ?

— C'est tout à fait cela, dit le comte. Je vois que les poisons n'ont pas de secret pour vous, madame.

Gênée, madame de Villefort ne répond pas. Peu de temps après, elle remercie encore une fois le comte et s'en va.

Le soir même, le geste héroïque du serviteur du comte devient le sujet de toutes les conversations parisiennes. De plus, cet événement permet à Monte-Cristo de rencontrer enfin monsieur de Villefort. En effet, ce dernier se rend chez le comte pour le remercier d'avoir sauvé sa femme et son fils. Cette visite est insupportable, mais fondamentale pour Monte-Cristo : il sait maintenant que sa vengeance est inévitable.

---

1. **Mithridate** : selon la légende, le roi Mithridate VI aurait pris du poison à petite doses pour s'en immuniser.
2. **La brucine** : poison violent.

Compréhension écrite et orale

DELF ❶ Lisez attentivement le chapitre, puis cochez les phrases qui correspondent à l'histoire.

1 a ☑ Monte-Cristo habite dans un appartement à Paris et cherche une maison de campagne à Auteuil.

 b ☐ Monte-Cristo habite dans une maison à Auteuil et cherche une maison dans la capitale.

2 a ☐ Arrivé dans la maison, Bertuccio indique l'endroit où il a caché un trésor.

 b ☑ Arrivé dans le jardin, Bertuccio indique l'endroit où un meurtre a été commis.

3 a ☑ Bertuccio a voulu se venger de monsieur de Villefort.

 b ☐ Bertuccio a voulu se venger du marquis de Saint-Méran.

4 a ☑ Villefort a refusé de retrouver les assassins du frère de Bertuccio parce que ce dernier avait servi Napoléon.

 b ☐ Villefort a refusé de retrouver les assassins du frère de Bertuccio parce que ce dernier était royaliste.

5 a ☐ C'est au moment où Villefort est arrivé dans le jardin que Bertuccio l'a frappé.

 b ☑ C'est au moment où Villefort s'est penché pour creuser que Bertuccio l'a frappé.

6 a ☐ C'est Bertuccio qui a élevé le nouveau-né qui se trouvait dans le coffre.

 b ☑ Le nouveau-né qui se trouvait dans le coffre a été élevé par la femme du frère de Bertuccio.

7 a ☐ Le lendemain, Danglars refuse d'accepter Monte-Cristo comme client.

 b ☑ Le lendemain, Monte-Cristo ouvre un compte dans la banque de Danglars.

8 a ☑ Madame de Villefort est très intéressée par les poisons.

 b ☐ Madame de Villefort est très intéressée par Ali.

2 Lisez attentivement le chapitre, puis remettez les phrases dans l'ordre chronologique de l'histoire.

a ☐ Bertuccio a fini par trouver le bon moment pour se venger.

b ☐ Monte-Cristo comprend qu'il s'agit d'une histoire de vendetta.

c ☐ Le coffre ne contenait pas de l'argent, mais un nouveau-né.

d ☐ Quelques jours plus tard, Monte-Cristo sauve le fils de Villefort.

e ☐ Bertuccio prétend qu'il y a eu un meurtre dans cette maison.

f ☐ Bertuccio a voulu se venger de Villefort.

g ☐ Madame de Villefort s'intéresse aux poisons.

h ☐ Lorsqu'ils arrivent à Auteuil, le comportement de Bertuccio devient de plus en plus étrange.

i ☐ Bertuccio assassine Villefort et récupère le coffre.

j ☐ Monsieur de Villefort se rend chez Monte-Cristo pour le remercier.

Enrichissez votre **vocabulaire**

Le sens propre et le sens figuré

Un mot possède un sens concret qui lui est propre. Mais il peut avoir également une signification abstraite : on dit alors qu'il est employé au sens figuré.

Elle en est morte la <u>pauvre</u> femme ! (Malheureuse, sens propre)

Ce plat est <u>pauvre</u> en graisses. (Il contient une faible quantité de quelque chose, sens figuré)

1 Dites si les mots soulignés sont employés au sens propre (P) ou au sens figuré (F), puis associez chaque phrase à sa signification.

1 ☐ ☐ <u>Un manteau</u> de laine.　　a Un vêtement.

2 ☐ ☐ <u>Un manteau</u> de neige.　　b Qui recouvre quelque chose.

3 ☐ ☐ Un visage <u>baigné de</u> larmes.　　a Se mettre dans de l'eau.

4 ☐ ☐ <u>Se baigner</u> dans une rivière.　　b Plein de.

5 ☐ ☐ Un plat <u>salé</u>.   a Dont le prix est très élevé.

6 ☐ ☐ Une addition <u>salée.</u>   b Qui contient du sel.

7 ☐ ☐ <u>Manger</u> un gâteau.   a Avaler après avoir mâché.

8 ☐ ☐ <u>Manger</u> ses économies.   b Dépenser.

Grammaire

L'emploi de l'imparfait et du passé composé

L'imparfait et le passé composé sont deux temps du passé.

• On utilise l'**imparfait** pour : décrire une situation, un état, un paysage ; parler de ses habitudes ; indiquer une durée indéfinie.
*Le marquis de Saint-Méran **louait** cette maison à une jeune veuve.*

• On utilise le **passé composé** pour indiquer des actions brèves, ponctuelles ou définies dans le temps.
*Un jour, j'**ai découvert** qu'elle était enceinte.*

À l'écrit, le passé composé est parfois remplacé par le passé simple.

1 Conjuguez les verbes entre parenthèses à l'imparfait ou au passé composé.

Quelques jours plus tard, madame de Villefort (**1**) (*faire*) ....
la connaissance du comte de Monte-Cristo. Alors qu'elle
(**2**) (*se promener*) .... à Auteuil avec son fils, les chevaux de sa
voiture (**3**) (*s'emballer*) .... près de la maison du comte. La
calèche (**4**) (*se diriger*) .... droit contre un arbre, mais le
comte, qui (**5**) (*assister*) .... à la scène, (**6**) (*ordonner*)
.... à son serviteur d'intervenir. Ali, rapide comme l'éclair,
(**7**) (*réussir*) .... à arrêter les deux chevaux et (**8**) (*sauver*)
.... la vie de madame de Villefort et celle de son fils. Grâce à
une liqueur étrange, Monte-Cristo (**9**) (*ranimer*) .... l'enfant
qui s'était évanoui de peur. Madame de Villefort (**10**) (*se montrer*)
.... extrêmement reconnaissante envers Monte-Cristo.

CHAPITRE 3

Haydée et monsieur Noirtier

Le comte de Monte-Cristo décide d'emmener Haydée, sa jeune esclave grecque, à l'Opéra. Les Parisiens ont la mauvaise habitude d'arriver lorsque le spectacle est déjà commencé : le premier acte se déroule donc souvent dans un grand brouhaha.

Albert de Morcerf est en compagnie de son ami Château-Renaud. Les deux hommes sont en train de parler et de rire, lorsqu'ils voient arriver madame Danglars dans la loge d'en face. Elle est accompagnée de son ami, Lucien Debray, et de sa fille, Eugénie.

— Albert, votre future épouse est très belle, remarque Château-Renaud.

— Vous avez raison, mais j'aime les beautés plus féminines, comme Vénus !

— Vous êtes difficile, Albert ! Regardez plutôt de ce côté-là, dans la loge du comte de Monte-Cristo. Avez-vous remarqué cette beauté grecque ?

— Oui, c'est Haydée, son esclave.

Monte-Cristo quitte sa loge quelques instants pour se rendre dans celle de madame Danglars.

— Comme votre amie grecque est belle, monsieur le comte, dit Eugénie à Monte-Cristo.

Puis, elle s'adresse au père d'Albert qui vient d'arriver :

— Vous en avez déjà vu d'aussi belles à la cour du pacha Tebelin ?

— Que faisiez-vous à la cour du pacha ? demande Monte-Cristo, étonné.

— J'étais général des troupes du pacha, répond le comte de Morcerf.

Pendant ce temps-là, Haydée s'ennuie et cherche des yeux le comte de Monte-Cristo. Lorsqu'elle l'aperçoit en compagnie du comte de Morcerf, elle pousse un cri et s'évanouit.

— On dirait que votre amie se sent mal, monsieur le comte, lui dit Eugénie.

Monte-Cristo salue madame Danglars et se dirige vers sa loge. Quand il arrive près de la belle Haydée, celle-ci, encore très pâle, lui prend la main.

— Qui est cet homme avec lequel tu parlais ? demande-t-elle d'une voix tremblante.

— C'est le comte de Morcerf. Il était au service de ton père, je crois.

— Au service de mon père ? C'est un traître ! Il a fait fortune en vendant mon père aux Turcs. Je ne peux pas supporter la vue de cet homme un instant de plus.

— Mais le comte de Morcerf n'est pas le seul traître...

23 years ago

Il y a vingt-trois ans, Edmond Dantès devait remettre une lettre de Napoléon à monsieur Noirtier de Villefort. Le fils de ce dernier, monsieur de Villefort, alors substitut du procureur du roi, avait intercepté cette lettre et, par ambition, il avait fait emprisonner Edmond Dantès.

Maintenant, monsieur Noirtier vit dans la maison de son fils. Le vieil homme est complètement paralysé et il passe ses journées dans un fauteuil roulant poussé par Barrois, son vieux domestique. Monsieur Noirtier aime beaucoup sa petite-fille, Valentine, la seule enfant du premier mariage de son fils. Celle-ci adore son grand-père et pour le comprendre, elle a inventé un système ingénieux. Le vieux Noirtier réussit à s'exprimer grâce à ses paupières [1] : il cligne une fois des yeux [2] pour dire « oui », et deux fois pour dire « non ».

Aujourd'hui, monsieur et madame de Villefort sont venus annoncer une grande nouvelle à monsieur Noirtier.

— Nous avons décidé de marier Valentine, et le mariage se fera dans trois mois, lui annonce Villefort.

Les yeux du vieillard restent sans expression. *Noirtier's granddaughter — dead mom, daughter of Villefort*

— Nous avons choisi pour Valentine un garçon parfait : le baron Franz d'Épinay, ajoute madame de Villefort. *She will get married in 3 months*

À ce nom, un éclair traverse le regard du vieillard et ses lèvres se mettent à trembler.

— Mon père, vous devez penser au bonheur de votre petite-fille et oublier la haine que vous avez éprouvée envers le père de Franz. En 1815, sa mort est restée un mystère. On n'a jamais

His father mysteriously died. Noirtier might have killed Franz's dad.

---

1. **Une paupière** : peau qui couvre l'œil pour le protéger.
2. **Cligner des yeux** : fermer et ouvrir rapidement les yeux.

retrouvé son assassin et certains doutes avaient même pesé sur vous. Ce mariage sera le moyen idéal de faire taire ces vieilles rumeurs.

Le vieil homme regarde son fils d'un air méprisant. Monsieur et madame de Villefort sortent de la pièce et demandent à Valentine d'aller voir son grand-père.

Monsieur Noirtier explique dans son langage que ce mariage ne lui plaît pas. Valentine lui avoue qu'elle n'aime pas Franz d'Épinay, mais Maximilien Morrel. Son grand-père la rassure et il lui fait comprendre qu'elle doit avoir confiance en lui : il fera tout ce qui est en son pouvoir pour empêcher ce mariage. Pour faire pression sur le père et la belle-mère de Valentine, il fait appeler le notaire et déshérite sa petite-fille bien-aimée. Il pense qu'en lui retirant sa fortune, monsieur et madame de Villefort changeront d'avis et abandonneront l'idée du mariage avec Franz d'Épinay. Malheureusement, le mariage est maintenu, car Valentine est l'héritière d'une autre fortune : celle que lui laisseront ses grands-parents Saint-Méran, les parents de sa mère, la première épouse de Villefort. Madame de Villefort espère que Noirtier choisira Édouard comme unique héritier, mais Noirtier a une autre idée en tête...

Compréhension écrite et orale

DELF **1** Écoutez attentivement l'enregistrement du chapitre, puis dites si les affirmations suivantes sont vraies (V) ou fausses (F).

		V	F
1	Monte-Cristo se trouve à l'Opéra en compagnie d'Haydée.	☐	☐
2	Les Parisiens arrivent toujours avant le début du spectacle.	☐	☐
3	Madame Danglars arrive seule dans sa loge.	☐	☐
4	Albert doit se marier avec Eugénie.	☐	☐
5	Le père d'Albert était simple soldat à la cour du pacha Tebelin.	☐	☐
6	Haydée s'évanouit lorsqu'elle voit Monte-Cristo avec le comte de Morcerf.	☐	☐
7	Le comte de Morcerf a toujours été un fidèle serviteur du père d'Haydée.	☐	☐
8	Monsieur Noirtier, abandonné par son fils, vit chez sa petite-fille.	☐	☐
9	Valentine arrive à communiquer avec son grand-père.	☐	☐
10	Monsieur Noirtier est très heureux que Valentine épouse Franz d'Épinay.	☐	☐
11	Valentine aime Franz d'Épinay.	☐	☐
12	Noirtier déshérite Valentine pour qu'elle n'épouse pas Franz d'Épinay.	☐	☑

2 Lisez attentivement le chapitre, puis répondez aux questions.

1 Qui sont les parents de Valentine ?

2 En 1815, de quoi avait-on accusé monsieur Noirtier ?

3 De qui Valentine est-elle amoureuse ?

4 De qui Valentine va-t-elle hériter ?

Enrichissez votre **vocabulaire**

1 Associez chaque mot à l'image correspondante.

a la loge   d la fosse d'orchestre   g le balcon
b la scène   e le rideau   h le parterre
c les coulisses f les décors   i la corbeille

2 Complétez la grille à l'aide des définitions.

Horizontalement

3   Titre honorifique.

8   Perdre connaissance. (S')

9   Richesse.

10 Rendre impossible quelque chose.

Verticalement

1   Union.

2   Renoncer.

4   Confesser.

5   Priver quelqu'un de son héritage.

6   Trouver le temps long. (S')

7   Femme.

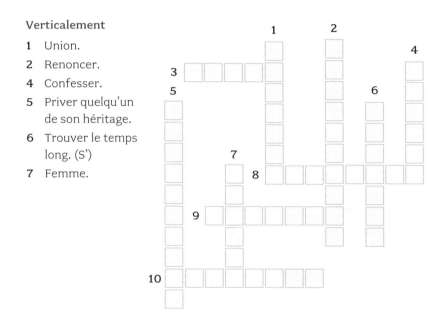

Production écrite et orale

1 Quel genre de spectacle préférez-vous ? Le théâtre, le cinéma, l'opéra, les comédies musicales, les ballets ? Dites pourquoi.

PROJET INTERNET

Les Opéras de Paris

Rendez-vous sur le site www.blackcat-cideb.com . Cliquez ensuite sur l'onglet *Students*, puis sur la catégorie *Lire et s'entraîner*. Choisissez enfin votre niveau et le titre du livre pour accéder aux liens du projet Internet.

Visitez chacun des deux Opéras, lisez leur présentation, puis répondez aux questions.

▶ Quel est le nom de chacun des deux Opéras ?

▶ En quelle année ont-ils été inaugurés ?

▶ Comment s'appellent les architectes qui les ont construits ?

▶ Quelles sont leurs particularités du point de vue architectural ?

▶ Lequel des deux est le plus moderne ?

▶ Quelles sont les dimensions de leur salle de spectacle ?

▶ Lequel de ces deux Opéras préférez-vous ? Pourquoi ?

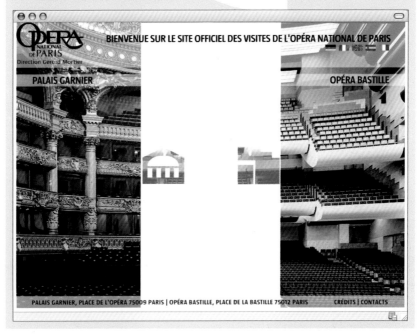

CHAPITRE 4

La fin de Danglars et le repas à Auteuil

Wanted Danglar's fortune

Le comte de Monte-Cristo souhaite détruire la fortune de  Danglars. La chose est d'ailleurs assez simple à réaliser. Il va au bureau du télégraphe qui se trouve à la tour de Montlhéry, à environ trente kilomètres de Paris.

— Cher monsieur, dit-il au télégraphiste, combien d'argent gagnez-vous par an ?

— Une misère, mon brave monsieur, et quand je serai à la retraite, je ne serai pas assez riche pour m'offrir une petite maison et me reposer tranquillement.

— J'ai peut-être une proposition intéressante à vous faire. Mais d'abord, répondez franchement à cette question : comprenez-vous les signes que vous transmettez ?

— Absolument pas, sauf les signes élémentaires, comme ceux qui indiquent les pauses, par exemple.

— Voilà, dit Monte-Cristo en déposant des billets de banque sur la table, je vous offre cette belle somme d'argent qui vous permettra de vous acheter une maison avec un terrain et de vous assurer une belle retraite.

— Mon rêve ! Et que dois-je faire en échange ?

Le comte prend une feuille de papier dans sa poche.

— Il s'agit seulement de changer les signes qui vous sont transmis par votre correspondant de droite par ceux qui sont écrits sur cette feuille de papier.

Le télégraphiste se laisse facilement convaincre. Satisfait de sa petite visite à Montlhéry, le comte de Monte-Cristo rentre chez lui et attend patiemment les effets du « faux » télégramme. Le résultat ne se fait pas attendre : le ministère de l'Intérieur reçoit en effet par le télégraphe la nouvelle du retour du roi d'Espagne, emprisonné à Bourges. Un ami de monsieur Danglars qui travaille au ministère prévient immédiatement le baron. Celui-ci vend aussitôt la totalité de ses actions espagnoles qui risquaient en effet de perdre toute leur valeur. Danglars est très content d'avoir réussi à vendre à temps, mais les autres banquiers se voient déjà ruinés, puisqu'ils ont eu la nouvelle trop tard. Cependant, le lendemain, un journal annonce : « Le roi d'Espagne n'est pas revenu sur le trône. C'était une erreur du télégraphe. » Le renversement de la bourse fait perdre à Danglars la plus grande partie de sa fortune.

Quelque temps après, le comte de Monte-Cristo invite dans sa maison de campagne certaines de ses connaissances parisiennes. Maximilien Morrel, le fils de l'armateur, arrive le premier. Le comte le considère et l'aime comme s'il était son propre fils.

Lorsque madame Danglars arrive devant la maison, elle devient extrêmement pâle. Elle est suivie de son mari, encore bouleversé par ses pertes financières. Le comte de Monte-Cristo a également invité de nouvelles connaissances : Andrea Cavalcanti et son père, des princes italiens en possession d'une fortune colossale. Andrea Cavalcanti annonce qu'il est venu en France pour chercher une épouse.

Monsieur et madame de Villefort arrivent les derniers. Bertuccio demande à Monte-Cristo de lui parler en privé.

— Excusez-moi, monsieur le comte, mais je devais vous parler de toute urgence. Cette femme blonde avec les diamants...

— Vous voulez parler de madame Danglars...

— Oui. Eh bien, c'est elle ! C'était la femme enceinte ! Celle qui était avec Villefort ! Mais... cet homme là-bas... mais c'est lui, c'est le procureur du roi... celui que j'ai assassiné ! Comment a-t-il fait pour ressusciter ? C'est impossible !

— Il faut croire qu'il a survécu à ses blessures...

— Mon Dieu ! s'exclame Bertuccio. Vous avez organisé un bien étrange dîner, monsieur le comte !

Le sourire aux lèvres, le comte va rejoindre ses invités. Quelques instants plus tard, Bertuccio annonce que le dîner est servi.

Pendant le repas, les invités posent beaucoup de questions à Monte-Cristo sur cette maison et sur le mystère qui l'entoure. À la fin du dîner, le comte leur propose de la visiter. Monsieur de Villefort dit à voix basse à madame Danglars :

— Nous devons y aller nous aussi...

Le comte commence à faire visiter la maison. Il s'arrête devant une porte et dit à ses invités :

— Cette chambre est particulièrement intéressante. On dit qu'un drame y a eu lieu. Je n'ai rien touché : c'est la seule pièce qui n'a pas été refaite.

À ces mots, madame Danglars se met à trembler. Seul monsieur de Villefort, qui se trouve derrière elle, s'en rend compte.

— Reprenez-vous, lui murmure-t-il à l'oreille.

Tous les invités sont unanimes : cette pièce est véritablement sinistre.

— On dirait qu'un crime a été commis ici ! s'exclame madame de Villefort.

Madame Danglars, qui ne réussit plus à contrôler ses émotions, sort brusquement de la pièce.

— Madame Danglars a raison. Quittons ce lieu lugubre et allons dans le jardin, propose Monte-Cristo. Voyez-vous, je suis tout à fait d'accord avec madame de Villefort. Moi aussi, je crois qu'un crime a été commis dans cette maison.

Une fois dans le jardin, le comte prend le bras de madame Danglars et celui de monsieur de Villefort. Il raconte comment ses jardiniers ont découvert, en creusant près d'un arbre, un coffre dans lequel se trouvait le squelette[1] d'un nouveau-né.

— Je pense même que cet enfant a été enterré vivant !

Tout le monde remarque à cet instant l'émotion de madame Danglars.

— Il ne s'agit peut-être pas d'un crime... Et pourquoi dites-vous que cet enfant a été enterré vivant ? demande Villefort.

— C'est simple, monsieur le procureur du roi : s'il était mort, pourquoi l'avoir enterré ici et pas dans un cimetière ? fait remarquer le comte.

— Et que fait-on aux infanticides[2] ? demande Andrea Cavalcanti, visiblement intéressé par la discussion.

— On leur coupe le cou ! N'est-ce pas, monsieur de Villefort ? répond le comte en regardant le procureur.

---

1. **Le squelette** : ensemble des os du corps.
2. **Un infanticide** : personne qui tue volontairement un enfant, en particulier un nouveau-né.

— Oui, monsieur, dit-il en baissant les yeux.

Au moment du départ, le comte remarque que monsieur de Villefort dit quelques mots à l'oreille de madame Danglars. Il lui donne probablement rendez-vous.

Le repas de Monte-Cristo à la maison d'Auteuil n'a pas eu le même effet sur tout le monde. Monsieur Danglars, qui a perdu la veille une grande partie de sa fortune, a été charmé par Andrea Cavalcanti : ce jeune homme très riche pourrait être un excellent mari pour sa fille, encore plus qu'Albert de Morcerf. En outre, monsieur Danglars a entendu parler d'une histoire au sujet du père d'Albert qui pourrait compromettre l'honneur de sa fille...

Le lendemain, madame Danglars, le visage caché sous le voile sombre de son chapeau, se rend au cabinet du procureur du roi. Celui-ci lui raconte ce qui s'est réellement passé à Auteuil, le jour de son accouchement. Il lui explique qu'il pensait que l'enfant était mort-né et qu'il avait donc décidé de l'enterrer dans le jardin.

— Pendant que je creusais un trou pour y mettre le coffre contenant l'enfant, j'ai été attaqué par un Corse, un certain Bertuccio, qui voulait venger son frère. Quelques mois plus tard, après ma guérison, je suis retourné à la maison d'Auteuil. J'avais peur que cet homme vienne récupérer le coffre et m'accuse d'avoir assassiné l'enfant. J'ai cherché le petit coffre dans le jardin, mais il avait disparu. Monte-Cristo a donc menti : il ne peut pas avoir trouvé un coffre et encore moins un squelette à l'intérieur.

Madame Danglars se sent de plus en plus mal.

— Mon enfant est donc vivant ! crie-t-elle, en larmes.

— Oui... Mais je me demande vraiment pourquoi Monte-Cristo a menti... Je dois absolument retrouver notre fils pour comprendre...

Compréhension écrite et orale

DELF **1** Écoutez attentivement l'enregistrement du chapitre, puis cochez la bonne réponse.

1 Pour se venger de Danglars, Monte-Cristo veut le
 a ☐ tuer.
 b ☑ ruiner.
 c ☐ faire emprisonner.

2 Monte-Cristo propose au télégraphiste
 a ☐ de partir à la retraite.
 b ☐ de lui expliquer les signes qu'il transmet.
 c ☑ une belle somme d'argent.

3 En échange, le télégraphiste doit
 a ☐ donner une belle somme d'argent au correspondant de droite.
 b ☑ changer les signes qui lui sont transmis par son correspondant de droite.
 c ☐ envoyer un faux télégramme à monsieur Danglars.

4 Le renversement de la bourse fait perdre
 a ☑ presque toute sa fortune à Danglars.
 b ☐ le trône au roi d'Espagne.
 c ☐ sa récompense au télégraphiste.

5 Lors du repas à Auteuil, Bertuccio reconnaît
 a ☑ monsieur de Villefort et madame Danglars.
 b ☐ Andrea Cavalcanti.
 c ☐ Maximilien Morrel.

6 Monte-Cristo prétend qu'un
 a ☐ trésor a été découvert dans le jardin.
 b ☐ coffre a été enterré dans le jardin.
 c ☑ squelette de nouveau-né a été découvert dans le jardin.

7 Pendant le repas, monsieur Danglars
   a ☐ a compris qu'il était accusé d'infanticide.
   b ☑ a été charmé par Andrea Cavalcanti.
   c ☐ s'est disputé avec Albert de Morcerf.

8 Lors du rendez-vous avec Villefort, madame Danglars apprend que
   a ☐ Villefort est un infanticide.
   b ☐ Bertuccio est son fils.
   c ☑ son enfant est vivant.

2 Lisez attentivement le chapitre, puis répondez aux questions.

1 Quel est le plan de Monte-Cristo pour se venger de Danglars ?
2 Pourquoi Bertuccio est-il surpris de voir monsieur de Villefort ?
3 Qui est madame Danglars d'après Bertuccio ?
4 Pourquoi Monte-Cristo pense-t-il que l'enfant a été enterré vivant ?
5 Monsieur de Villefort a-t-il assassiné l'enfant ?
6 À la fin du chapitre, pourquoi madame Danglars pleure-t-elle ?

3 Choisissez un titre pour chaque partie du chapitre. Justifiez ensuite votre réponse.

> Le télégraphe   L'enfant ressuscité   L'échec de Danglars
> Un repas à la campagne   Un jardin mystérieux
> Un étrange repas à Auteuil   L'arrivée d'Andrea Cavalcanti
> Le squelette d'un enfant   La ruine de Danglars

Partie 1 (du début à « la plus grande partie de sa fortune ») : ....
....

Partie 2 (de « Quelques temps après » à « compromettre l'honneur de sa fille ») : ....

Partie 3 (de « Le lendemain » à la fin) : ....
....

Enrichissez votre **vocabulaire**

1 Aidez-vous du texte pour compléter le tableau.

Substantifs	Verbes
Le repos	
La ruine	
Le mensonge	
La blessure	
Une découverte	
Le charme	
	Honorer
	Guérir
	Discuter
	Finir

 PROJET INTERNET

Le télégraphe

Rendez-vous sur le site www.blackcat-cideb.com. Cliquez ensuite sur l'onglet *Students*, puis sur la catégorie *Lire et s'entraîner*. Choisissez enfin votre niveau et le titre du livre pour accéder aux liens du projet Internet.

Cliquez sur « L'histoire de la télégraphie Chappe », puis sur « Pour comprendre l'essentiel. Niveau Collège ».

▶ Comment s'appelle l'inventeur du télégraphe aérien ?

▶ En quelle année est-il né ?

▶ Quel est le principe de cette invention ?

▶ Combien y a-t-il de kilomètres entre deux stations ?

▶ Quel code utilise le télégraphe aérien ?

▶ Que se passe-t-il en 1850 ?

CHAPITRE 5

Le mariage de Valentine

 www.blackcat-cideb.com

Monsieur et madame de Saint-Méran se rendent à Paris pour assister au mariage de leur petite-fille, Valentine de Villefort. Malheureusement, monsieur de Saint-Méran meurt durant le voyage et la grand-mère de Valentine tombe elle aussi très malade. Elle dit à son beau-fils, monsieur de Villefort :

— Comme Valentine n'a plus de mère, elle a besoin de moi pour bénir son mariage. Je sens que je vais mourir. Monsieur de Villefort, il faut célébrer rapidement ces noces !

— Ne dites pas cela, dit Valentine en lui prenant la main.

— Vous devez vous reposer, ajoute Villefort d'un ton rassurant.

— Je vous dis que je vais mourir. Cette nuit, j'ai vu entrer une forme blanche... Elle était là ! Exactement où vous êtes en ce moment ! Elle a touché mon verre. C'est la mort qui vient me prendre, j'en suis sûre...

Valentine pousse un cri.

— C'est la fatigue et la perte de votre époux qui vous mettent dans cet état, madame la marquise, explique Villefort.

En voyant sa grand-mère malade, Valentine n'a pas le courage de lui avouer qu'elle aime Maximilien Morrel. La marquise de Saint-Méran méprise [1] en effet les gens qui ne sont pas nobles. Comment pourrait-elle alors accepter que sa petite-fille épouse Maximilien, le fils d'un armateur ? Valentine doit donc obéir aux dernières volontés de sa grand-mère.

Le soir même, la marquise de Saint-Méran rend son dernier soupir. Elle a juste eu le temps de rencontrer le futur époux de Valentine, Franz d'Épinay. Le médecin de famille, très inquiet, demande à Villefort de lui parler en tête-à-tête.

— J'ai quelque chose de très important à vous dire. Madame de Saint-Méran a été empoisonnée, comme son mari !

— Mais enfin, docteur, c'est impossible ! Personne n'avait intérêt à l'empoisonner !

— En êtes-vous sûr ? demande le médecin. Qui hérite des biens de la marquise ?

— Ma fille, Valentine. C'est la seule héritière de madame de Saint-Méran. Mais c'est impossible, ce n'est pas une meurtrière [2] !

— Monsieur de Villefort, je ne veux accuser personne. C'est vous le magistrat, c'est à vous de savoir ce que vous devez faire.

Avant de mourir, la marquise de Saint-Méran a fait promettre au procureur du roi de célébrer immédiatement le mariage. Quelques jours plus tard, le notaire arrive chez les Villefort pour établir le contrat de mariage entre Valentine et Franz d'Épinay. Au moment de la signature, Barrois apparaît.

— Monsieur Noirtier de Villefort désire parler à monsieur Franz d'Épinay.

— Mais… monsieur d'Épinay ne peut pas quitter le salon

1. **Mépriser** : considérer quelqu'un comme inférieur.
2. **Un meurtrier** : assassin.

maintenant, explique Villefort, scandalisé par l'attitude de son père.

— Monsieur, intervient Franz, je vais aller voir monsieur Noirtier. Je profiterai ainsi de l'occasion pour me présenter.

Tout le monde se rend alors dans l'appartement de monsieur Noirtier. Barrois donne une lettre à Franz d'Épinay que ce dernier doit lire à voix haute. Franz est très étonné de recevoir cette lettre. Il commence à la lire et comprend rapidement qu'elle parle de la mort de son père. Elle évoque en effet le contexte politique de la France en février 1815, lorsque s'affrontaient les royalistes et les bonapartistes. Sa voix tremble de plus en plus... Cette lettre lui fait revivre les circonstances tragiques de la mort de son père : pendant une assemblée secrète organisée chez le président du parti bonapartiste, son père a refusé de jurer fidélité à l'Empereur et a déclaré être un fervent royaliste. Il a insulté le président, s'est battu contre lui et est mort au cours d'un duel.

— C'était un duel loyal ? demande Franz à monsieur Noirtier.

Noirtier fait comprendre que tout s'est déroulé dans les règles. Tous les témoins présents au moment du duel ont signé la lettre et ont décrit précisément les faits.

— Cependant, le nom de l'assassin n'est indiqué nulle part... souligne Franz.

Noirtier indique du regard le dictionnaire. À la lettre « M », puis au mot « Moi », Noirtier cligne une fois des yeux. Franz comprend aussitôt.

— Vous ? Vous, monsieur Noirtier ? C'est vous qui avez tué mon père ?

Noirtier fait signe que oui. Franz se laisse tomber dans un fauteuil. Monsieur de Villefort, honteux et plein de haine pour son père, quitte la pièce. Le mariage est donc annulé, Valentine redevient l'héritière de monsieur Noirtier.

Compréhension écrite et orale

DELF **1** Lisez attentivement le chapitre, puis dites si les affirmations suivantes sont vraies (V) ou fausses (F).

		V	F
1	Les Saint-Méran vont à Paris pour le mariage de Valentine.	☐	☐
2	Pendant le voyage, les époux Saint-Méran meurent.	☐	☐
3	Valentine avoue à sa grand-mère son amour pour Maximilien Morrel.	☐	☐
4	La marquise rencontre le futur époux de Valentine avant de mourir.	☐	☐
5	Le médecin annonce à Villefort que les Saint-Méran ont été empoisonnés.	☐	☐
6	Valentine est la seule héritière de madame de Saint-Méran.	☐	☐
7	Monsieur Noirtier demande à Franz d'Épinay de venir dans son appartement.	☐	☐
8	Monsieur Noirtier fait lire à Franz une lettre qui concerne la mort de son père.	☐	☐
9	Franz apprend que le duel n'était pas loyal.	☐	☐
10	Franz d'Épinay ne saura jamais qui a tué son père.	☐	☐

2 Répondez aux questions.

1 Pourquoi Valentine n'avoue-t-elle pas son amour pour Maximilien Morrel à sa grand-mère ?

2 Quel est le métier du père de Maximilien Morrel ?

3 Pourquoi le père de Franz a-t-il refusé de jurer fidélité à l'Empereur ?

4 Qui a tué le père de Franz ?

5 Quelles sont les conséquences de cette révélation ?

3 Parmi ces trois lettres, cochez celle qui correspond aux circonstances tragiques de la mort du père de Franz.

1 ☐ Nous sommes en 1815. Les royalistes et les bonapartistes s'opposent les uns aux autres. Un soir, à la nuit tombée, on annonce officiellement qu'une assemblée doit avoir lieu chez le représentant de la noblesse dont on ne dira pas le nom. Au cours de cette réunion, monsieur d'Épinay refuse de jurer fidélité au roi et déclare être un fervent admirateur de l'Empereur. Il insulte le représentant de la noblesse et le tue.

2 ☐ En 1815, les bonapartistes et les royalistes s'opposent les uns aux autres. Une assemblée secrète est organisée chez le président du parti bonapartiste. Au cours de cette réunion, monsieur d'Épinay refuse de jurer fidélité à Bonaparte et déclare être un fervent royaliste. Il insulte ensuite le président, et un duel, au cours duquel il meurt, a lieu.

3 ☐ 1815 est une date dramatique pour les royalistes et les bonapartistes. Une assemblée secrète est organisée chez le représentant du parti royaliste. Après avoir assisté à cette réunion, monsieur d'Épinay refuse de jurer fidélité à Bonaparte et déclare être un fervent royaliste. Il insulte le président, monsieur Noirtier, se bat en duel avec lui et le tue.

Grammaire

Le gérondif

Le gérondif se forme avec le participe présent du verbe (radical du verbe + -**ant**) précédé de la préposition **en**.
Il exprime la simultanéité de deux actions réalisées par le même sujet.
En voyant sa grand-mère malade, Valentine n'a pas le courage de lui avouer qu'elle aime Maximilien Morrel.
*Ne dites pas cela, dit Valentine **en lui prenant** la main.*
Il peut aussi exprimer le temps, la manière ou la cause.
*Monsieur Noirtier communique **en clignant** des yeux.*

1 Transformez les phrases en utilisant un gérondif.

1 Monsieur de Saint-Méran meurt alors qu'il se rend à Paris.

....

2 La grand-mère de Valentine meurt pendant qu'elle prononce le nom de sa petite-fille.

....

3 Elle devient la seule héritière si elle perd ses grands-parents.

....

4 Le médecin de famille explique la situation pendant qu'il parle à Villefort.

....

5 Franz comprend que la lettre parle de la mort de son père pendant qu'il lit la lettre.

....

6 Il tremble de plus en plus alors qu'il la lit.

....

7 Monsieur d'Épinay meurt pendant qu'il se bat contre monsieur Noirtier.

....

8 Monsieur Noirtier dit qu'il est le meurtrier et pour cela, il s'aide du dictionnaire.

....

9 Valentine redevient l'héritière de monsieur Noirtier puisqu'elle n'épouse pas Franz.

....

10 Lorsqu'elle voit sa grand-mère malade, Valentine n'a pas le courage de lui avouer qu'elle aime Maximilien Morrel.

....

Enrichissez votre **vocabulaire**

1 Cochez le nom de parenté qui convient.

1 Villefort est le
   a ☐ beau-père de monsieur de Saint-Méran.
   b ☐ beau-fils de monsieur de Saint-Méran.
   c ☐ fils de monsieur de Saint-Méran.

2 Noirtier est le
   a ☐ père de Villefort.
   b ☐ fils de Villefort.
   c ☐ frère de Villefort.

3 Les Saint-Méran sont les
   a ☐ beaux-parents de Valentine.
   b ☐ grands-parents de Valentine.
   c ☐ enfants de Valentine.

4 Valentine est la
   a ☐ fille de monsieur de Villefort.
   b ☐ belle-sœur de monsieur de Villefort.
   c ☐ sœur de monsieur de Villefort.

5 Édouard est le
   a ☐ frère de Valentine.
   b ☐ beau-fils de Valentine.
   c ☐ fils de Valentine.

2 Aidez-vous du texte pour compléter le tableau.

Substantif	Adjectif ou participe passé	Verbe ou expression verbale
Le scandale	....	être ....
L'étonnement	....	être ....
La honte	....	être ....
La	haineux	haïr
Le	courageux	être courageux
L'amour	aimé	....
Le mépris	méprisé	....
L'inquiétude	....	....

CHAPITRE 6

La fin des Morcerf

Monsieur Danglars souhaite que sa fille Eugénie épouse le riche prince italien Andrea Cavalcanti. Mais comment annuler le mariage avec le vicomte de Morcerf ? L'occasion se présente lors de la parution d'un article dévoilant la haute trahison de Fernand Mondego, alias le comte de Morcerf. Monsieur de Morcerf tente de se défendre et nie toutes les accusations. Il a presque gagné son procès lorsqu'un témoin apparaît en pleine séance : il s'agit d'Haydée, la fille du pacha.

Au fur et à mesure qu'Haydée répond aux questions du président, le comte de Morcerf devient de plus en plus pâle.

— Madame, reconnaissez-vous cet homme comme étant Fernand Mondego ?

— Si je le reconnais ? Cet homme a fait tuer mon père et nous a vendues comme esclaves, ma mère et moi, sur un marché où le comte de Monte-Cristo nous a achetées. C'est un assassin ! Il ne peut pas le nier ! Même si j'oubliais son visage, je pourrais facilement reconnaître la large cicatrice qu'il a sur la main droite.

À ces mots, le comte de Morcerf pose sa main gauche sur celle de droite. Un grand murmure traverse la salle.

— Qu'avez-vous à dire pour votre défense, monsieur de Morcerf ? demande le président.

Le comte de Morcerf ne répond pas, puis il se lève brusquement et sort du tribunal. La sentence de haute trahison est prononcée devant toute l'assemblée.

Albert se sent déshonoré et n'a qu'un seul et unique désir : venger l'honneur de sa famille. Il est convaincu que c'est Danglars qui a tout organisé pour marier sa fille à un homme plus riche que lui. Il se rend chez le banquier pour le provoquer en duel, mais Danglars lui explique que c'est le comte de Monte-Cristo qui l'a encouragé à faire ces recherches sur le passé de son père. Et c'est lors de cette enquête qu'un journaliste a découvert la triste vérité. Albert se précipite alors chez le comte de Monte-Cristo, qu'il croyait être son ami, et pour venger l'honneur de sa famille, il le provoque en duel : ils se battront le lendemain à l'aube. Désespérée, madame de Morcerf se rend le soir même chez Monte-Cristo pour tenter de sauver Albert.

— Edmond, je vous en prie, ne tuez pas mon fils ! implore-t-elle à genoux.

— Ne prononcez pas ce nom, madame de Morcerf !

— C'est pourtant bien le vôtre ! Et vous savez bien que je suis Mercédès... Pourquoi continuez-vous à m'appeler madame de Morcerf ?

— Parce que Mercédès est morte, madame.

— Edmond ! Pourquoi parler de cette trahison ? Pourquoi voulez-vous punir toute ma famille puisque je suis la seule coupable ? Coupable de ne pas vous avoir attendu et d'avoir cédé à Fernand !

— Je crois deviner, madame, que vous ne savez pas pourquoi j'ai été arrêté, n'est-ce pas ? demande le comte.

— En effet, je l'ignore, répond-t-elle.

— J'ai été emprisonné parce que Danglars, le jour de nos fiançailles, a écrit une lettre que Fernand s'est chargé d'envoyer à Villefort, il y a maintenant vingt-trois ans. Et cette lettre, dit-il en la donnant à Mercédès, me dénonçait comme agent bonapartiste. Quel mensonge !

— Êtes-vous sûr de ce que vous affirmez ?

— Oui, madame, comme je suis sûr que Fernand a déserté la veille de la bataille de Waterloo, qu'il a servi de guide et d'espion à l'armée française en Espagne, et qu'il a assassiné son bienfaiteur le pacha Ali Tebelin. Jusqu'à présent, il est resté impuni, mais moi, Mercédès, je vous jure que je me vengerai !

— Edmond, je vous en prie, en souvenir de notre amour ! Vengez-vous sur les coupables, vengez-vous sur moi, mais ne vous vengez pas sur mon fils... Ne devenez pas l'assassin de mon fils !

Monte-Cristo lui prend le bras et l'aide à se relever.

— Vous voulez qu'il vive ? Eh bien, il vivra ! Et moi, je mourrai...

— Non, Edmond, vous ne mourrez pas, le duel n'aura pas lieu !

— Il aura lieu, Mercédès, et vous ne vous rendez pas compte du sacrifice que je fais en mourant maintenant. Il ne faut pas avoir de cœur lorsqu'on décide de se venger ! dit tristement Monte-Cristo.

Mercédès remercie le comte et disparaît. Edmond est plongé dans une tristesse absolue et il voit d'un seul coup s'écrouler l'édifice d'une vengeance qu'il avait construite dans les moindres détails.

Le lendemain matin, à l'aube, Monte-Cristo se rend en compagnie de ses deux témoins, Maximilien Morrel et le beau-frère de celui-ci, à l'endroit où doit avoir lieu le duel.

Une fois sur place, il rencontre les deux témoins d'Albert, ainsi que le journaliste Beauchamp et Franz d'Épinay. Dix minutes plus tard, le vicomte de Morcerf arrive. Il souhaite parler au comte avant de commencer le duel.

— Je désire que tout ce qui sera dit maintenant au comte soit répété. Je voulais vous tuer car je pensais que vous vouliez punir mon père pour sa trahison envers le pacha. Mais j'ai appris par ma mère le mal qu'il vous a fait. Je tiens à vous présenter mes excuses. Vous avez eu raison de vouloir vous venger !

Le comte, les larmes aux yeux, tend la main à Albert pour lui montrer qu'il accepte ses excuses.

Albert rentre chez lui. Il sait ce qu'il doit faire : quitter Paris le plus rapidement possible. Sa mère, qui a décidé de le suivre, est en train de préparer les valises lorsqu'elle voit arriver Bertuccio, l'intendant du comte. Il lui apporte une lettre : Monte-Cristo lui offre une petite maison à Marseille ainsi qu'une grosse somme d'argent pour qu'elle recommence une nouvelle vie avec son fils.

Pendant ce temps, monsieur de Morcerf se rend chez Monte-Cristo : il veut comprendre pourquoi son fils n'a pas tué Monte-Cristo mais surtout, de quoi il s'est excusé. Dès qu'il arrive, le comte lui rappelle toutes les trahisons qu'il a commises.

— Oui, mais malgré tous mes torts, on sait qui je suis, moi ! Mais vous… vous qui vous cachez derrière toute cette richesse et vos airs de noblesse, vous qui apparaissez quelquefois sous le nom de Simbad le Marin ou sous le nom de Monte-Cristo… Qui êtes-vous réellement ? demande le comte de Morcerf.

— Tu devrais pourtant reconnaître le visage d'un homme que tu as trahi pour lui voler sa fiancée…

— Edmond !?… Edmond Dantès !?

Après avoir prononcé ce nom, le comte de Morcerf se précipite immédiatement chez lui et s'enferme dans son bureau. Au moment où Albert et Mercédès passent le portail pour quitter définitivement leur hôtel particulier, ils entendent un coup de feu. Ils comprennent qu'ils ne reverront plus jamais Fernand Mondego.

Compréhension écrite et orale

DELF **1** Écoutez attentivement l'enregistrement du chapitre, puis cochez la bonne réponse.

1 Quelle occasion permet à Danglars d'annuler le mariage de sa fille avec Albert ?
  a ☐ Un article qui dévoile la trahison d'Albert de Morcerf.
  b ☐ Un article qui dévoile la trahison du père d'Albert de Morcerf.
  c ☐ La demande en mariage d'Andrea Cavalcanti.

2 Comment le comte de Morcerf se trahit-il ?
  a ☐ Il pose sa main gauche sur celle de droite pour cacher sa cicatrice.
  b ☐ Il pose sa main droite sur celle de gauche pour cacher sa cicatrice.
  c ☐ Il ne répond rien.

3 Que fait Albert lorsqu'il découvre que Monte-Cristo est responsable de l'arrestation de son père ?
  a ☐ Rien, car son père le mérite.
  b ☐ Il s'enfuit.
  c ☐ Il le provoque en duel.

4 Quelles sont les conséquences de la conversation entre Mercédès et Edmond Dantès ?
  a ☐ Edmond décide de renoncer à sa vengeance.
  b ☐ Edmond est triste, mais il se battra en duel.
  c ☐ Mercédès décide de se venger elle-même.

5 Pourquoi le père d'Albert se rend-il chez Monte-Cristo ?
  a ☐ Pour comprendre pourquoi Albert ne l'a pas tué.
  b ☐ Pour s'excuser auprès du comte de Monte-Cristo.
  c ☐ Pour tuer le comte de Monte-Cristo.

6 Que se passe-t-il lorsque Fernand découvre que Monte-Cristo est Edmond Dantès ?
  a ☐ Il se suicide.
  b ☐ Il s'enfuit.
  c ☐ Il le prend dans ses bras.

2 Lisez attentivement le chapitre, puis dites qui a dit quoi : Mercédès (M) ou Monte-Cristo (MC).

	M	MC
1 Ne tuez pas mon fils !	☐	☐
2 Pourquoi parler de cette trahison ?	☐	☐
3 Vous ne savez pas pourquoi j'ai été arrêté ?	☐	☐
4 Quel mensonge !	☐	☐
5 Je vous jure que je me vengerai !	☐	☐
6 Ne devenez pas l'assassin de mon fils !	☐	☐
7 Eh bien, il vivra !	☐	☐
8 Il ne faut pas avoir de cœur lorsqu'on décide de se venger.	☐	☐

Enrichissez votre **vocabulaire**

1 Retrouvez dans le chapitre les mots correspondant à chaque image.

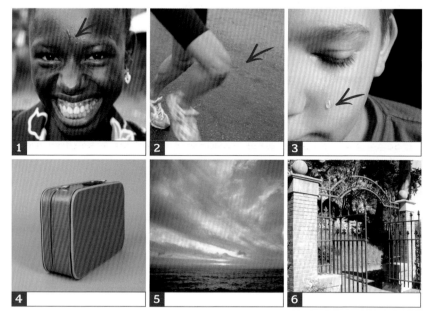

2 Complétez les phrases avec les mots proposés.

> nie   espion   duel   cache   excuses   déserte
>
> implore   provoquant   humilié   bienfaiteur

1 Lorsqu'on affirme que des accusations sont fausses, on les
  ....

2 Lorsqu'on a perdu son honneur, on dit qu'on se sent
  ....

3 À l'époque, on pouvait défendre son honneur en ....
  quelqu'un en ....

4 Quand on supplie quelqu'un avec insistance, on l'............................. .

5 Lorsqu'on dit travailler pour un pays, mais que l'on travaille en
  réalité pour un autre, on est un ....

6 Celui qui fait du bien autour de lui, notamment en donnant de
  l'argent, est un ....

7 Quand on veut se faire pardonner, on présente ses
  ....

8 Si l'on ne veut pas se faire voir, on se ....

9 Lorsqu'un soldat s'enfuit au lieu de partir au combat, on dit qu'il
  ....

Production écrite et orale

DELF **1** Selon vous, Edmond a-t-il pardonné à Mercédès ? Justifiez votre
réponse.

DELF **2** Vous êtes-vous déjà senti(e) trahi(e) ? Dites par qui et racontez les
circonstances.

CHAPITRE 7

Valentine, coupable ou victime ?

La mort a encore frappé chez les Villefort. Le serviteur de
monsieur Noirtier, Barrois, meurt empoisonné après avoir bu un
verre de limonade [1] destiné à son maître. Le médecin remarque
une nouvelle fois que la seule personne qui profite de la mort de
Noirtier est Valentine, son unique héritière. Villefort est troublé :
il ne supporte pas l'idée que sa propre fille puisse être une
criminelle. Par peur du scandale, il veut punir lui-même l'assassin
et il demande au médecin, le seul à connaître le secret, de ne rien
dire.

Peu de temps après le duel, Maximilien rend visite à Valentine.
Elle est très inquiète et ne semble pas en bonne santé. Son
grand-père, monsieur Noirtier, veut absolument l'éloigner de la
maison.

---

1. **La limonade** : boisson à base d'eau, de jus de citron et de sucre.

— Grand-père veut m'amener à la campagne. Il dit que l'air pur me fera du bien, dit Valentine à Maximilien.

— C'est une bonne idée : je trouve en effet que vous avez l'air très fatiguée.

— Grand-père me soigne avec ses médicaments : j'en prends un peu chaque jour.

Elle prend le verre d'eau posé sur la table, avale le médicament et perd aussitôt connaissance. Maximilien se précipite pour tenter de la ranimer, mais c'est inutile. Noirtier regarde cette scène les yeux pleins de douleur. Il fait comprendre à Maximilien qu'il veut lui parler. À l'aide du dictionnaire, il lui explique que Valentine risque elle aussi de mourir empoisonnée. Maximilien n'a plus une seconde à perdre : il fait appeler le médecin et court chez le seul ami sur lequel il puisse compter, le comte de Monte-Cristo.

— Qu'avez-vous, Maximilien ? Pourquoi êtes-vous si pâle ? demande le comte.

— Valentine de Villefort, la femme que j'aime, est en train de mourir... Quelqu'un essaie de l'empoisonner ! J'ai besoin de votre aide !

— Comment ! Vous aimez la fille de cette famille maudite ? demande le comte en colère.

Et il pense : « Je ne pourrai donc jamais me venger de Villefort ? » Maximilien est surpris par l'étrange réaction du comte. Monte-Cristo reste silencieux, puis ajoute :

— Gardez espoir, Maximilien. Je suis là et je veillerai sur vous. Faites-moi confiance : Valentine ne mourra pas. Maintenant, laissez-moi !

Entre-temps, le médecin est arrivé chez les Villefort. Il est très surpris que Valentine ne soit pas la coupable, comme il le croyait. Le docteur examine la jeune fille et se rend compte qu'elle vit encore. Il est seul avec Noirtier dans la chambre et il comprend que celui-ci veut lui parler.

— C'est étrange, Valentine est encore en vie. Vous savez évidemment qu'elle a été empoisonnée comme les autres, lui dit le médecin.

Noirtier cligne une fois des yeux. Soudain, le regard du médecin s'éclaire.

— Valentine n'est pas morte, car vous lui avez donné chaque jour une petite dose de poison pour habituer son corps..., dit-il en regardant Noirtier.

Le médecin lit dans les yeux du vieillard le bonheur d'avoir sauvé la vie de sa petite-fille.

— Pour le moment, elle est sauvée. Mais si l'assassin le sait et décide de changer de poison, elle risque de mourir, cette fois, ajoute le médecin. Je donnerai des ordres pour que personne ne s'approche d'elle sans mon autorisation.

Malgré ces précautions, Valentine est au lit avec une forte fièvre depuis une semaine. Chaque nuit, elle délire : tout d'abord, elle croit voir une forme blanche s'approcher de son lit et remplir son verre, puis une forme noire apparaît et remplace le verre par un autre. Une nuit, elle reconnaît la forme blanche : c'est madame de Villefort ! Aussitôt après, la bibliothèque s'ouvre et la forme noire apparaît.

— Vous êtes... le comte de Monte-Cristo..., dit-elle d'une voix fiévreuse.

— Je suis venu pour vous sauver, comme me l'a demandé Maximilien. Ne buvez pas cette eau ! Avez-vous reconnu la forme blanche ?

— Oui, c'est madame de Villefort.

— Elle essaie de vous empoisonner.

— Mais pourquoi ? demande Valentine.

— Parce que madame de Villefort est prête à tout pour son fils, même à tuer. Si vous mourez, tout l'argent que vous avez hérité de vos grands-parents revient à Édouard. Elle a aussi essayé de tuer Noirtier, mais sans succès, car votre grand-père est immunisé contre le poison grâce à la brucine contenue dans ses médicaments. Mais elle essaiera d'une autre manière.

— J'ai confiance en vous car vous êtes l'ami de Maximilien. Dites-moi ce que je dois faire...

— Vous devez boire ceci, dit-il en lui tendant un autre verre. Vous vous endormirez profondément et vous vous réveillerez dans un autre pays où vous retrouverez Maximilien.

Valentine regarde Monte-Cristo dans les yeux, porte le verre à ses lèvres, boit et s'endort.

Le lendemain matin, on annonce la mort de la jeune fille. Maximilien s'effondre de douleur. Désespéré, il tente de mettre fin à ses jours, mais Monte-Cristo, qui veille sur lui, l'empêche d'accomplir ce geste fatal.

Compréhension écrite et orale

1 Écoutez attentivement l'enregistrement du chapitre, puis remettez les phrases dans l'ordre chronologique de l'histoire.

a ☐ Valentine elle-même semble malade. C'est la raison pour laquelle son grand-père voudrait l'envoyer à la campagne.

b ☐ D'abord en colère, Monte-Cristo assure à Maximilien que Valentine ne mourra pas.

c ☐ Encore une fois, le médecin pense que la coupable est Valentine.

d ☐ Valentine perd connaissance.

e ☐ Villefort, lui, est certain que sa fille est innocente.

f ☐ Maximilien se rend alors chez Monte-Cristo pour lui demander de l'aide.

g ☐ Le médecin comprend que Valentine est elle aussi une victime et que si elle n'est pas morte, c'est parce que son grand-père a habitué son corps au poison.

h ☐ La mort frappe de nouveau chez les Villefort.

i ☐ Heureusement, Monte-Cristo veille sur Valentine. Malgré cela, le lendemain on annonce la mort de la jeune fille.

j ☐ Valentine dit à Monte-Cristo que c'est madame de Villefort qui tente de l'empoisonner.

2 Lisez attentivement le chapitre, puis répondez aux questions.

1 Qui devait mourir à la place du serviteur Barrois ?

2 Pourquoi tous les soupçons se portent-ils sur Valentine ?

3 Dans quel état se trouve Valentine selon Maximilien ?

4 Que se passe-t-il après que Valentine a bu le médicament ?

5 Qu'est-ce que le médecin finit par admettre ?

6 Qui sont les deux formes que Valentine voit durant la nuit ?

7 Que fait Maximilien quand on annonce la mort de la jeune fille ?

Enrichissez votre **vocabulaire**

1 Cochez les mots qui concernent la santé.

a ☐ une criminelle	e ☐ un docteur	i ☐ un médecin
b ☐ désespéré	f ☐ une maladie	j ☐ la santé
c ☐ examiner	g ☐ soigner	k ☐ troublé
d ☐ la fièvre	h ☐ un médicament	l ☐ inquiète

2 Associez chaque mot à l'image correspondante.

a un sirop	d un pansement	g un spray
b un sachet	e des ampoules	h une crème
c une seringue	f un thermomètre	i des gouttes

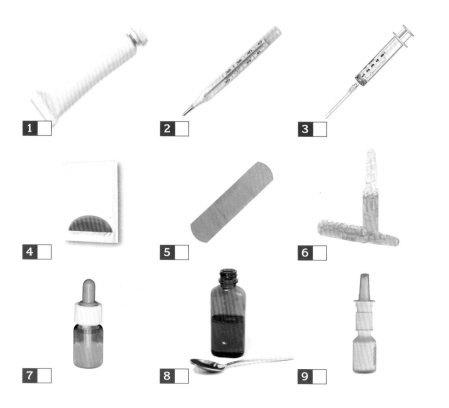

1 ☐   2 ☐   3 ☐

4 ☐   5 ☐   6 ☐

7 ☐   8 ☐   9 ☐

3 Trouvez dans le texte le contraire des mots suivants.

1 Renoncer ....

2 S'endormir ....

3 Blanche ....

4 Coupable ....

5 Sauver ....

6 Rassurée ....

7 Le malheur ....

8 Se fermer ....

4 Associez chaque mot ou expression à sa définition.

a Délirer.

b Lire dans les yeux de quelqu'un.

c Un scandale.

d Être prêt à tout.

e Être troublé.

f Veiller sur quelqu'un.

1 ☐ Ne pas avoir l'esprit clair.

2 ☐ Action ou fait considéré comme contraire à la morale.

3 ☐ Surveiller quelqu'un de manière bienveillante.

4 ☐ Être proche de la folie.

5 ☐ Ne pas avoir de limites.

6 ☐ Deviner ce que quelqu'un pense grâce à son regard.

Production écrite et orale

DELF **1** Vous avez mangé des champignons vénéneux lors d'un repas chez des amis. Imaginez ce qui s'est passé quand vous êtes rentré(e) chez vous.

Andrea Cavalcanti

www.blackcat-cideb.com

Pendant ce temps, dans la famille Danglars, tout semble aller pour le mieux. En effet, monsieur et madame Danglars ont réussi à convaincre Eugénie d'épouser le jeune noble italien.

Le jour du mariage, tout Paris est réuni chez la famille Danglars. Tout est prêt pour la cérémonie et la signature du contrat quand soudain, la police arrive.

— Qui parmi vous s'appelle Andrea Cavalcanti ? demande un commissaire.

Tous les regards se tournent vers Andrea qui, quelques secondes plus tard, est encerclé par les policiers.

— Mais... vous ne pouvez pas arrêter le prince Cavalcanti, supplie Danglars, qui se voit déjà ruiné et déshonoré.

— Prince ? Non, monsieur. Cet homme est un voleur et un assassin, répond le commissaire.

Un cri de stupeur traverse la salle.

C'est monsieur de Villefort qui est chargé du procès du faux prince italien. Après la mort de sa fille Valentine, le procureur s'est enfermé dans son bureau : il ne vit plus que pour son

144

travail. Le jour du procès, Villefort se rend chez sa femme avant d'aller au palais de justice.

— Madame, où avez-vous caché le poison que vous avez utilisé pour tuer les Saint-Méran, le serviteur Barrois et ma pauvre et tendre fille ? dit-il d'un air grave.

Madame de Villefort fait semblant de ne pas comprendre.

— Mais... que dites-vous ?

— Inutile de nier, je sais tout ! C'est vous qui les avez empoisonnés ! Vous devez être punie, dit-il avec rage.

— Monsieur ! Monsieur ! Ayez pitié de moi ! implore madame de Villefort.

— Vous ne pouvez pas mourir sur l'échafaud [1] car ce serait le déshonneur pour notre nom et pour notre fils Édouard. Je vous conseille donc, madame, de retrouver ce poison. Et s'il vous en reste quelques gouttes, sachez les utiliser... Il faut que justice soit faite.

— Laissez-moi vivre ! Je vous en prie... Je suis votre femme !

— Oui, mais vous êtes une meurtrière. Un jour, vous pourriez utiliser ce poison contre votre propre enfant. Je vous laisse. Vous savez ce qu'il vous reste à faire. Je vais au palais de justice pour demander la peine de mort contre un assassin. Si, à mon retour, vous êtes encore vivante, je vous emmènerai moi-même sur l'échafaud. Adieu, madame.

Madame de Villefort essaie une nouvelle fois de convaincre son mari de la laisser vivre, mais le procureur est inflexible. Il enferme à double tour madame de Villefort dans sa chambre, met la clé dans sa poche et se rend au palais de justice.

---

1. **L'échafaud** : lieu destiné à l'exécution d'un criminel.

Le procès de celui qui se faisait appeler Andrea Cavalcanti débute après l'arrivée du procureur. Interrogé par le président du tribunal, l'accusé refuse tout d'abord de donner sa véritable identité.

— Je suis né à Auteuil dans la nuit du 27 au 28 septembre 1817, répond-il.

Villefort, qui est en train d'écrire quelque chose, lève la tête et devient livide. Il croise le regard de l'accusé qui ne le quitte pas des yeux, comme s'il voulait voir chacune de ses réactions.

— Quelle est votre profession ? continue le président du tribunal.

— Je suis voleur, mais aussi assassin depuis peu.

À ces dernières paroles, des murmures de consternation se font entendre dans toute la salle.

— Acceptez-vous maintenant de dire votre nom ?

— Je voudrais, mais je ne le connais pas. Je connais seulement celui de mon père.

— Dites le nom de votre père, alors.

— Mon père est procureur du roi : il s'appelle monsieur de Villefort, dit-il en fixant le procureur.

Dans la salle du tribunal, les gens insultent l'accusé. Après quelques minutes de brouhaha, le président demande le silence et l'interrogatoire reprend.

— Je vous dois quelques explications, continue le jeune homme sur un ton très tranquille. À ma naissance, mon père a dit à ma mère que j'étais mort-né. Pour éviter le scandale, il avait décidé de m'enterrer vivant, mais au moment d'accomplir cet infanticide, il a été poignardé par un certain Bertuccio. Cet homme m'a alors confié à sa belle-sœur qui m'a appelé

Benedetto et m'a élevé comme son propre fils. Ces gens ont été bons pour moi... Je l'admets : je suis coupable de nombreux crimes, mais c'est mon père le plus coupable, et je le maudis ! Je ne connais pas ma mère, mais elle est innocente.

À ces mots, on entend un cri dans la salle : madame Danglars vient de s'évanouir.

— Nous avons besoin de preuves ! crie le président.

— Vous avez besoin de preuves ? répète le jeune homme. Mon père, voulez-vous que je donne des preuves ?

Villefort s'est levé de son fauteuil : il tremble de tous ses membres. Tous les regards sont tournés vers lui.

— Tout ce que ce jeune homme a dit est vrai..., avoue-t-il.

Un brouhaha s'élève de nouveau dans la salle du tribunal. Monsieur de Villefort en profite pour sortir. Il pense maintenant que sa femme est devenue criminelle à cause de lui, à cause de son influence : lui seul est le vrai coupable ! Il se rappelle ce qu'il lui a dit avant de partir : il utilise alors le courage qui lui reste pour se précipiter chez elle et l'empêcher de commettre l'irréparable. À peine arrivé, il court dans la chambre de sa femme : elle est debout devant lui, un verre à la main.

— C'est fait ! annonce-t-elle.

Sur ces mots, elle s'effondre par terre, sans vie. Paniqué et désespéré, Villefort se met à chercher son fils. Il se dirige vers la chambre du petit garçon : l'enfant est là, allongé sur le canapé. Il semble dormir profondément. Rassuré, Villefort le prend dans ses bras et le serre très fort contre lui. Il réalise alors que le cœur de l'enfant ne bat plus. Son fils est mort, lui aussi. Il se lève, le corps de l'enfant dans les bras, et trouve sur la table un message de sa femme.

La vengeance

C'est pour mon fils que je suis devenue criminelle, alors je ne partirai pas sans lui.

Villefort est fou de douleur. Il se rend dans l'appartement de monsieur Noirtier. Son père est là, en compagnie du comte de Monte-Cristo. En voyant Villefort, le comte comprend aussitôt que sa vengeance s'est accomplie, mais il ne sait pas encore jusqu'à quel point. Monte-Cristo s'avance vers Villefort, le regarde dans les yeux avec un sourire plein de haine.

— Qui êtes-vous ? lui demande Villefort.

— Vous ne vous souvenez pas de moi ? Moi, que vous avez jeté au cachot, que vous avez privé de liberté, d'amour...

— Vous êtes... Edmond Dantès !

Villefort prend Edmond par le poignet et le conduit dans la chambre où se trouvent les cadavres de sa femme et de son fils.

— Regardez ! Regardez, comme vous vous êtes bien vengé !

Devant les deux corps sans vie, Edmond comprend qu'il est allé trop loin : il doit maintenant commencer à pardonner.

Pour Villefort, il n'y a plus rien à faire : le malheureux est devenu fou. Le comte de Monte-Cristo pense alors qu'il doit sauver le dernier : Danglars.

Compréhension écrite et orale

DELF **1** Lisez le chapitre, puis dites si les affirmations suivantes sont vraies (V) ou fausses (F).

		V	F
1	Les Danglars ont convaincu leur fille d'épouser le prince Cavalcanti.	☐	☐
2	Le jour du mariage, la police vient arrêter Danglars.	☐	☐
3	En réalité, Andrea Cavalcanti est un voleur et un assassin.	☐	☐
4	Villefort va voir sa femme avant d'aller au palais de justice.	☐	☐
5	Villefort accuse sa femme d'être une voleuse.	☐	☐
6	Andrea Cavalcanti connaît seulement le nom de sa mère.	☐	☐
7	Monsieur de Villefort est le père d'Andrea Cavalcanti.	☐	☐
8	Villefort dit qu'Andrea est un menteur.	☐	☐
9	Lorsque Villefort arrive chez sa femme, elle est déjà morte.	☐	☐
10	Heureusement, son fils est encore en vie.	☐	☐
11	Edmond comprend qu'il est allé trop loin.	☐	☐
12	Edmond veut quand même se venger de Danglars.	☐	☐

2 Remplissez la fiche d'identité d'Andrea Cavalcanti.

Véritable nom : _____
Véritable prénom : _____
Date de naissance : _____
Lieu de naissance : _____
Profession : _____
Nom du père : _____
Profession du père : _____
Nom de la mère : _____

3 Lisez attentivement l'article, puis répondez aux questions.

Ensemble contre la peine de mort

Depuis 2003, la coalition mondiale contre la peine de mort a instauré le 10 octobre « Journée mondiale contre la peine de mort ». Soutenue par l'Union européenne, cette initiative contribue à diffuser un message universel en faveur de l'abolition de la peine capitale. Des pétitions, des tables rondes et des visites aux condamnés à mort sont prévues dans plus d'une centaine de pays. Cette journée est l'occasion de rappeler que la peine de mort est un acte qui ne peut pas s'inscrire dans un processus de justice, et que c'est une violation des droits de l'homme.

1 De quel type de document s'agit-il ?

2 De quoi parle le texte ?

3 Depuis quand la « Journée mondiale contre la peine de mort » existe-t-elle ?

4 Quel est le but de cette journée ?

Enrichissez votre **vocabulaire**

1 Associez chaque mot à sa définition.

a la peine de mort   d une preuve   g un procès
b un criminel   e un assassin   h un voleur
c un coupable   f un interrogatoire

1 ☐ En France, jusqu'en 1981, condamnation à mourir pour avoir commis un crime.
2 ☐ Personne coupable d'une infraction grave.
3 ☐ Personne qui prend ce qui appartient aux autres.
4 ☐ Personne qui en tue une autre.
5 ☐ Personne dont la culpabilité est reconnue.
6 ☐ Ensemble des questions posées pour découvrir la vérité.
7 ☐ Problème soumis à un tribunal.
8 ☐ Fait, témoignage ou raisonnement qui permet d'établir la vérité.

2 Associez chaque mot à l'image correspondante.

a un juge   c une salle de tribunal   e un avocat
b les jurés   d un palais de justice   f un accusé

Production écrite et orale

DELF **1** Selon vous, Andrea Cavalcanti est-il coupable ? A-t-il des circonstances atténuantes ? Justifiez votre réponse.

DELF **2** Que pensez-vous de la peine de mort ? Expliquez votre point de vue en donnant des exemples.

Épilogue

Après le mariage manqué de sa fille, monsieur Danglars veut ⌐16 commencer une nouvelle vie et il s'enfuit en Italie en emportant l'argent des clients de sa banque. Malheureusement pour lui, il est capturé et retenu prisonnier dans un cachot par le plus grand bandit d'Italie, Vampa. Quelques jours plus tard, il reçoit une étrange visite...

— Mais... Monte-Cristo... que faites-vous ici ? demande Danglars.

— Monte-Cristo n'est pas mon véritable nom. Vous ne m'avez pas encore reconnu ? Je suis celui que vous avez envoyé en prison par ambition. Je suis celui que vous avez vendu, livré, déshonoré... Je suis Edmond Dantès. Je voulais vous condamner à mourir de faim, comme vous l'avez fait avec mon père, mais je vous pardonne car moi aussi, je dois être pardonné.

À ces mots, Danglars tombe à genoux, désespéré. Edmond se penche vers lui pour l'aider à se relever.

— Oui, je vous pardonne... vous avez plus de chance que les autres : l'un s'est suicidé et l'autre est devenu fou. Prenez cet argent, dit-il en lui tendant des billets.

Dantès sort en murmurant ces derniers mots à Vampa :

— Il est libre, laisse-le partir.

Quelques jours plus tard, le comte, en compagnie de Maximilien Morrel, se rend à Marseille pour voir Mercédès. Il lui dit qu'il l'a pardonnée et qu'elle ne doit pas s'inquiéter pour son fils : il veillera toujours sur lui. Les deux hommes partent ensuite pour l'île de Monte-Cristo.

Un matin, Maximilien se réveille et n'en croit pas ses yeux : Valentine est là, près de lui, bien vivante. Elle lui raconte alors tout ce qu'a fait le comte pour lui sauver la vie. Maximilien veut le remercier, mais il est trop tard : Monte-Cristo est déjà parti. Le serviteur du comte donne alors une lettre à Maximilien.

> *Cher Maximilien, mon fils,*
> *Noirtier vous attend à Livourne pour votre mariage. Je vous laisse ma maison des Champs-Élysées et mon petit château du Tréport. Soyez heureux, la vie est dans ces deux mots :* « *Attendre et espérer* ».
> *Edmond Dantès*
> *Comte de Monte-Cristo*

Maximilien sait que Monte-Cristo n'est pas seul. Il a lui aussi quelqu'un qui veille sur lui : la belle Haydée.

— Est-ce que nous les reverrons un jour ? demande Maximilien à Valentine.

— Souviens-toi des derniers mots de la lettre : « Attendre et espérer ».

Compréhension écrite et orale

DELF **1** Écoutez attentivement l'enregistrement du chapitre, puis cochez la bonne réponse.

1 Que fait Danglars après le mariage manqué de sa fille ?

a ☐ Il commence une nouvelle vie en France.

b ☐ Il s'enfuit en Italie sans argent.

c ☐ Il s'enfuit en Italie avec l'argent des clients de sa banque.

2 Que se passe-t-il lorsqu'il arrive en Italie ?

a ☐ Il est arrêté et retenu prisonnier par la police italienne.

b ☐ Il est capturé et retenu prisonnier par Vampa.

c ☐ On lui vole tout son argent.

3 Qu'a fait Danglars à Edmond Dantès ?

a ☐ Il l'a vendu, livré, déshonoré et envoyé en prison par ambition.

b ☐ Il l'a trahi et envoyé en prison par amour.

c ☐ Il lui a caché son véritable nom.

4 Comment Edmond réagit-il face à Danglars ?

a ☐ Il lui pardonne et il lui donne des diamants.

b ☐ Il ne lui pardonne pas, mais il le laisse partir.

c ☐ Il lui donne de l'argent et il lui pardonne.

5 Quelle est la réaction d'Edmond vis-à-vis de Mercédès ?

a ☐ Il lui pardonne et il lui promet de veiller sur son fils.

b ☐ Il lui pardonne et il lui donne de l'argent.

c ☐ Il ne lui pardonne pas, mais il veillera sur son fils.

6 Pourquoi Maximilien veut-il remercier Monte-Cristo ?

a ☐ Parce qu'il lui fait cadeau d'une maison et d'un château.

b ☐ Parce qu'il a sauvé la vie de Valentine.

c ☐ Parce qu'il a libéré Danglars.

2 Lisez le texte, puis répondez aux questions.

1 Pourquoi Edmond voulait-il se venger de Danglars ?

2 Pourquoi décide-t-il de ne pas se venger ?

3 Pourquoi Danglars a-t-il plus de chance que les autres ?

4 Quelle est la preuve qu'Edmond a pardonné à Mercédès ?

5 Comment Edmond appelle-t-il Maximilien ?

6 À quels mots se résume la vie selon Edmond ?

Enrichissez votre vocabulaire

1 Associez chaque proverbe à sa définition.

1 ☐ Rien ne sert de courir, il faut partir à point.

2 ☐ Tant qu'il y a de la vie, il y a de l'espoir.

3 ☐ Tout vient à point à qui sait attendre.

4 ☐ Rome ne s'est pas faite en un jour.

a Pour mener une chose à bien il vaut mieux agir calmement, de façon réfléchie.

b Il faut du temps et de la persévérance pour réaliser de grandes choses.

c Avec du temps et de la patience, on vient à bout de tout.

d Il ne faut jamais désespérer, une solution est toujours envisageable.

Production écrite et orale

DELF **1** Selon vous, est-il mieux de se venger ou de pardonner ? Justifiez votre réponse.

1 Remettez les dessins dans l'ordre chronologique de l'histoire.

J

K

L

2 Complétez la grille à l'aide des définitions.

Horizontalement

1 Ensemble des os du corps.

5 Pierre précieuse verte.

7 Argent demandé en échange de la liberté d'une personne enlevée.

9 Qui a trop bu.

10 Au théâtre, compartiment avec plusieurs sièges.

11 Boisson à base d'eau, de jus de citron et de sucre.

12 Promesse de mariage.

Verticalement

2 Qui attend un enfant.

3 Peau qui couvre l'œil pour le protéger.

4 Drap qui sert à envelopper un cadavre.

6 Petit golfe.

8 Personne infidèle à une cause.

3 Complétez les portraits des personnages.

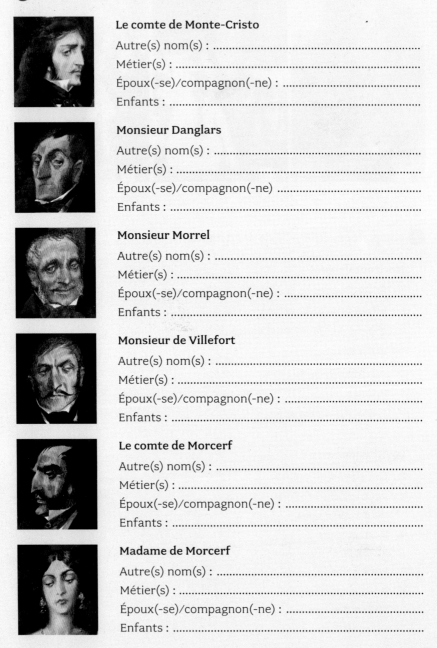

Le comte de Monte-Cristo

Autre(s) nom(s) : ....

Métier(s) : ....

Époux(-se)/compagnon(-ne) : ....

Enfants : ....

Monsieur Danglars

Autre(s) nom(s) : ....

Métier(s) : ....

Époux(-se)/compagnon(-ne) ....

Enfants : ....

Monsieur Morrel

Autre(s) nom(s) : ....

Métier(s) : ....

Époux(-se)/compagnon(-ne) : ....

Enfants : ....

Monsieur de Villefort

Autre(s) nom(s) : ....

Métier(s) : ....

Époux(-se)/compagnon(-ne) : ....

Enfants : ....

Le comte de Morcerf

Autre(s) nom(s) : ....

Métier(s) : ....

Époux(-se)/compagnon(-ne) : ....

Enfants : ....

Madame de Morcerf

Autre(s) nom(s) : ....

Métier(s) : ....

Époux(-se)/compagnon(-ne) : ....

Enfants : ....